老板就要：
定薪酬
做绩效
抓激励

张 劲 ◎ 著

中国商业出版社

图书在版编目（CIP）数据

老板就要：定薪酬　做绩效　抓激励/张劲著.--北京：中国商业出版社，2023.12
ISBN 978-7-5208-2714-0

Ⅰ.①老… Ⅱ.①张… Ⅲ.①企业管理－工资管理－研究 Ⅳ.①F272.923

中国国家版本馆CIP数据核字(2023)第218819号

责任编辑：杜　辉

（策划编辑：佟　彤）

中国商业出版社出版发行
（www.zgsycb.com 100053 北京广安门内报国寺1号）
总编室：010-63180647　编辑室：010-83118925
发行部：010-83120835/8286
新华书店经销
香河县宏润印刷有限公司印刷

*

710毫米×1000毫米　16开　13.5印张　160千字
2023年12月第1版　2023年12月第1次印刷
定价：68.00元

****

（如有印装质量问题可更换）

前言

作为一家企业的老板,制定合理的薪酬政策、建立有效的绩效评估机制和设计激励计划是至关重要的三项职责。这三个方面相互关联,可以有效地激发员工的工作热情和创造力,推动企业的发展和成功。本书将详细探讨老板在管理这三个方面时应考虑的关键要素。

首先,薪酬是吸引和留住高素质人才的重要工具。老板需要制定合理的薪酬政策,确保员工的工资与其贡献相匹配,并与市场水平相符。此外,老板还应考虑薪酬的激励作用,通过薪酬体系、岗位评估和动态调薪,激励员工在实现个人目标和企业整体目标时付出更多努力。薪酬并不仅仅是金钱,还包括福利和其他奖励措施;薪酬也不仅仅是静态固定的,还有后续的动态浮动。老板应根据员工的基本需求、价值贡献和价值观,设计具有竞争力和灵活性的综合薪酬体系,使员工感受到公平和公正,从而提高员工的满意度和忠诚度。

其次,绩效评估是确保员工工作质量和效率的重要手段。老板应该建立有效的绩效评估机制,通过设定明确的目标和指标,对员工的表现进行评估。这种评估应该是公平、客观和透明的,以避免主观偏见和不公正的待遇。老板可以采用定期的绩效评估和反馈机制,对各层级员工进行有针对性的考核,帮助他们了解自己的优势所在和尚需改进的方面。此外,老板还应该根据绩效评估的结果,对员工进行适当的激励和奖励,以鼓励他们不断进步和超越目标。

最后，激励机制是激发员工积极性和创造力的重要措施。老板需要设计和实施激励计划，以激发员工的激情和动力，推动他们追求卓越。激励可以是物质性的，如奖金、晋升、股权，也可以是非物质性的，如表扬、认可、分享。老板应该根据员工的个人需求和动机，量身定制激励计划，以有效激励员工的努力向上和卓越表现。因此，企业所制定的激励方式和目标应与员工的个人目标和价值观相契合，以增强员工的归属感和自豪感。

本书正是通过对上述三个方面的逐一阐述，将老板经营管理企业中的定薪酬、做绩效、抓激励进行全方位、多角度、立体性的呈现。

本书按照定薪酬、做绩效、抓激励的顺序分成三篇，分别是薪酬篇、绩效篇、激励篇。这三篇每一篇看似独立，但又彼此关联。

在薪酬篇中，重点分为静与动两大部分。静的部分分别阐述企业进行薪酬管理的原因和如何设计薪酬体系；动的部分分别介绍岗位分析和岗位价值评估，公平定薪和动态调薪政策等。

在绩效篇中，主要分为远与近两大部分。远的部分阐述企业实行绩效管理的目的，并对绩效管理进行了深度剖析；近的部分则是通过具体的关键业绩考核指标与绩效管理体系来呈现绩效管理的过程。

在激励篇中，重点分为总与分两大部分。总的部分阐述了激励对于企业管理的重要性和如何建立激励机制；分的部分介绍了各种激励方式，并对高质量激励场景进行了解析。

企业想要做好薪酬管理，需要结合绩效考核与激励机制；想要做好绩效管理，需要结合薪酬体系与激励机制；想要做好激励管理，需要结合薪酬体系与绩效考核。三者之间在具体实施时，既相互独立，又有机结合，缺一不可。此外，三者之间还必须做到同侧重、同功效、同进退，才能在企业管理中发挥最大的作用。

在具体实践中，很多企业老板总是出现顾此失彼或厚此薄彼的情况，偏科式经营和管理企业，导致企业在运行过程中出现与薪酬、绩效、激励相关的这样或那样的问题，并且还会由此引发其他更多的问题。因此，作为老板不能忽视薪酬、绩效、激励三者中的任何一项，需要给予相同的重视与实施，在企业内部达成三项合一性的并行式管理，将企业经营推向规范化、标准化和流程化的新高度。

| 目录 |

上篇　薪酬篇

第一章　企业为什么要进行薪酬管理 / 2

薪酬管理使管理规范化 / 2

薪酬管理提升 HR 部门的工作效率 / 4

薪酬管理降低企业的成本支出 / 5

薪酬管理革新企业的工作方式 / 8

薪酬管理对管理层的决策起辅助作用 / 10

第二章　基于战略的薪酬体系设计 / 12

定要素：付薪要素结合付薪目的 / 12

定水平：兼顾外部竞争性与内部公平性 / 16

定结构：对薪酬总额进行切割 / 19

定激励：客观衡量业绩与成果 / 23

定模式：用宽带薪酬替代窄带薪酬 / 26

第三章　岗位分析与岗位价值评估 / 32

关键岗位辨识 / 32

岗位分析方法 / 35

岗位价值评估 / 39

岗位绩效工资 / 42

第四章　公平定薪与动态调薪 / 47

政策透明，程序公平 / 48

确定薪级与薪档 / 51

动态调薪场景 / 54

基于绩效考核结果和 CR 值的年度调薪 / 56

岗位调整导致的调薪 / 60

中篇　绩效篇

第五章　企业实行绩效管理的深层目的 / 66

实行绩效管理，完成企业目标 / 67

通过绩效考核，促进管理流程和业务流程的优化 / 69

借助考核过程，建立良好的反馈机制 / 71

整合考核过程，改善企业整体运营 / 74

依据考核结果，科学实施人力资源管理 / 76

运用考核结果，优化薪资结构和福利体系 / 78

第六章 企业绩效管理深度剖析 / 81

使绩效升级的循环过程 / 81
卓越绩效管理体系的要素与特点 / 84
绩效管理认知的常见误区 / 87
绩效考核的实用方法 / 91
绩效考核的管理流程 / 99

第七章 设计关键业绩考核指标 / 103

组织绩效模型与关键业绩考核指标 / 103
关键业绩考核指标分类 / 106
关键业绩考核指标设计过程 / 109
绩效考核指标权重的设置 / 112

第八章 绩效管理体系设计 / 117

诊断绩效管理现状 / 118
确定绩效考核体系构成 / 122
划分绩效考核等级 / 125
对企业及企业高层的绩效考核 / 128
对部门/团队及负责人的绩效考核 / 130
对普通员工的考核 / 133

下篇　激励篇

第九章　激励对企业管理的重要性 / 136

实现企业人力资源目标 / 137

完善组织结构 / 139

激发工作积极性 / 141

提高员工自我素质 / 144

增强企业凝聚力 / 146

第十章　建立有效激励机制 / 149

激励就是价值的评价与分配 / 149

激励机制建设需要注意的问题 / 152

保健因素与激励因素双满足 / 154

让工作本身成为激励 / 157

别把激励做成福利 / 160

第十一章　基础激励与动力激励 / 163

薪酬激励：开启原始驱动力 / 163

晋升激励：职位随能力上升 / 167

目标激励：看到希望才会尽力奔跑 / 170

考核激励：断绝员工"摸鱼"的想法 / 173

股权激励：上不上市都能用 / 175

危机激励：适度的压力是前进的动力 / 182

第十二章　高质量激励场景 / 185

表达尊重：大家是合作伙伴 / 185

建立信任：不只是说说而已 / 188

有效授权：激发员工的积极性和创造力 / 191

表扬行为：给能力值加分 / 195

批评问题：对事不对人 / 198

分享荣誉：分享"精神货币" / 200

上篇　薪酬篇

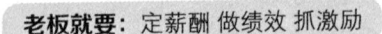

第一章 企业为什么要进行薪酬管理

薪酬管理的作用与意义是由薪酬本身的重要性和职能决定的。薪酬的重要性和职能既可从员工层面分析，也可从老板层面分析。鉴于本书是给企业老板看的，因此从老板的角度入手，薪酬管理的重要性和基本职能主要体现为规范化、提升效率、降低成本、革新工作方式和辅助决策五个方面。

薪酬管理使管理规范化

某公司是一家处于快速发展期的电商公司，目前有员工109人，员工多数都是90后，又因为选择的发展着力点正确，使得公司从创立之初就走上了发展的快车道。

随着公司利润的不断增加，员工对薪酬的诉求也越来越强，平时总会有员工直接向老板提出加薪，如果老板不同意，有的员工就会跳槽。鉴于公司正在快速发展，为了稳定核心团队，老板对关键岗位的员工提出的加薪一般都会接受。但这种妥协并没有真正稳定住军心，大家想的更多的是如何让自己获得利益，而并非像创业之初那样为公司的利益着想。

更让老板感觉被动的是每年的固定调薪和年终奖的发放，一年之中总会在这两个时间节点产生矛盾。老板无奈只得根据主观判断对某些员工实施特殊照顾，这样一来加剧了其他未能享受特殊照顾员工的不满，而享受特殊照顾的员工在欲望的驱使下非但没有感恩，还渴望获得更多。

该公司的薪酬管理之所以一团乱，就在于该公司根本就没有将薪酬制度化，更没有形成薪酬管理体系，从一开始就是老板一言堂，到后来变得无法可依。

可见，企业薪酬管理工作做不好，就会影响到企业其他方面的管理，让企业难以实现规范化。因为薪酬是员工工作中最为关心的，不做好这方面的制度管理工作，其他方面的制度都将难以实行。

因此，企业必须加强薪酬制度的建设与完善，形成对企业经营管理有益的薪酬管理体系。企业可以使用薪酬管理体系将员工的薪酬进行统一管理，无论是工资项目组成、薪酬结构搭建、静态薪酬核算，还是薪酬数据统计、薪酬额度分析、动态薪酬调整等，都能一站式在薪酬管理体系上完成操作。这种统一标准的薪酬管理体系和统一规范的薪酬调整策略，既能降低企业相关方面的人力、物力、财力支出，也能用薪酬管理体系进行薪酬的统一发放，让薪酬管理工作更加规范化。

无论从哪一方面而言，薪酬管理都是企业管理中的重要一环，以下是薪酬管理在企业管理中的作用。

一是确保企业能够及时、准确地发放员工的薪酬，满足员工的生活需求，提高员工的工作积极性和满意度。

二是通过设置不同的薪酬等级和薪酬结构，反映出不同职位和员工的贡献程度，从而激励员工不断改进自己的工作表现。

三是通过制定科学的薪酬规划和预算，控制企业的薪酬成本，减少不必要的开支，提高企业的经营效益。

四是通过建立规范的薪酬管理制度，增强企业管理的规范性和透明度，提高企业的信誉和声誉，吸引更多的人才加入企业。

总之，薪酬管理是企业管理中不可或缺的一环，可以帮助企业实现规范化、科学化的管理，提高企业的竞争力和经营效益。

薪酬管理提升HR部门的工作效率

某公司是跨境出口电商企业，主要业务是对国内优质的OEM的产品进行品牌包装，并在海外线上平台与渠道直接销售给海外消费者，也称为联合运营业务。

目前，该公司联合运营业务有近50个项目，每个项目都由具体的项目组承担，每个项目组为3～5人。该公司根据品类相似性对项目进行划分，形成不同的项目品类事业部。该公司的未来战略规划是基于现有项目操作积累和提升海外营销、渠道、物流和IT信息化的经验与能力，搭建跨境出口电商综合服务平台，整合各类资源，为代理商、中小卖家提供渠道、IT、物流、金融、管理等服务。

每个项目因产品本身的受欢迎程度导致盈利能力差异较大。项目组实施岗位薪酬结构，即"月度基本工资＋季度奖金"的形式，其中季度奖金基于所负责项目的销售额和利润进行提成。因为项目组众多，项目组的盈利能力存在差异,而导致项目组盈利能力存在差异的因素又各不相同,因此HR部门在进行薪酬核算时需要兼顾各项目组的具体情况。虽然兼顾了各种情况,但HR部门的工作只是薪酬核算,其核算出的薪酬必然会因为项目"肥瘦"不同而呈现较大差异。

其实,像该公司这样的同类项目存在薪酬差异的情况,在很多企业都存在,但这并非HR部门的能力范畴内可以解决的。但如果企业实施薪酬管理制度,让薪酬核算有章可依,那么不仅员工可以看到自己的薪酬总额的组成,企业也能更为直观地看到导致薪酬差异的原因,如此就能有的放矢地解决员工薪酬差异的问题。

而且,有了薪酬管理系统,企业的数据处理、工资统计、工资发放、工资查询,甚至人员管理和报表输出等这些日常事务都会变得更加智能化,无须HR部门再一一填入相应数据,这在很大程度上实现了企业员工基本信息的动态管理,大大降低了HR部门的工作量,提升了HR部门的工作效率。

薪酬管理降低企业的成本支出

某公司是一家国有独资集团,主营业务是承担政府融资平台及基础设施建设项目。该公司采用职务级别工资制,薪酬体系为总经理、副总经理、科长、副科长、科员。基于总经理薪酬往下按照一定系数确定每个级别员工的工资数额,只要是同一级别,员工就有同样的薪酬。该公司的薪酬水平在外部市场的竞争力很强,但依然面临员工工作积极性不强的问题。更为严重的是,该公司的人力成本始终居高不下,现金压力很大,已经严重影响了公司经营。

1. 降低人工成本的措施

为了应对日益严峻的经营形势,该公司痛定思痛,下决心通过实行薪酬管理制度降低人工成本,具体措施如下。

(1)根据员工层级和职能制定不同的薪酬体系,确保员工薪酬公平和透明。

(2)结合市场调研调整和优化薪酬标准,以保持员工薪酬具有竞争力。

(3)根据员工绩效和表现,进行年度薪酬调整和绩效奖金等奖励措施。

(4)建立员工反馈机制,充分听取员工意见和建议,不断改进薪酬管理体系。

通过上述案例可以看到,一套有效的薪酬管理制度,不仅可以降低企业成本支出,还能提升企业内部员工的工作积极性,并保证薪酬水平在同类企业中的竞争力。但必须要注意,薪酬管理不只是降低薪酬支出水平,而是要在合理的薪酬水平的基础上,最大限度地提升员工的工作动力。如果在降低了薪酬支出的同时,还降低了员工的工作动力,那么这样的薪酬制度就是失败的。

2. 降低人工成本的方法和策略

鉴于薪酬管理对于企业经营的重要作用,下面总结一些方法和策略来帮助企业降低人工成本。

（1）人力成本预算。企业应根据业务需求和财务状况，制定合理的人力成本预算（考虑薪资、福利、奖励等各项成本），合理分配资源，并进行严格管控。

（2）薪资结构调整。企业可以通过市场薪酬调研、岗位评估、绩效管理等方式，对薪资结构进行定期调整，合理设置薪资水平和薪资差距。

（3）绩效奖励管理。设立绩效奖励机制，根据员工的绩效表现进行差异化薪酬激励，将薪资与绩效挂钩，减少固定薪资的支出，以实现薪酬的精细化管理。

（4）福利合理规划。福利包括社会保险、住房公积金、医疗保险等，确保符合法律法规和公司政策，并在保障员工权益的前提下控制人工成本。

（5）用人策略优化。合理控制员工编制和用人规模，确保员工数量与业务需求相匹配，避免人力过剩或缺失导致的人工成本浪费或业务风险。

（6）人才培养晋升。通过内部培训和晋升机制，提高员工的职业能力和专业素养，鼓励员工在企业内部发展和成长，从而提高员工的满意度和忠诚度，减少外部招聘和培训成本。

（7）合规合法经营。遵循国家和地区的相关法律法规，包括最低工资标准、工时规定、税收法规等。避免违法违规操作，减少因违规而导致的人工成本风险。

总而言之，薪酬管理是企业管理的一部分，旨在确保薪资水平合理、合法，并在合规的前提下降低人工成本。

薪酬管理革新企业的工作方式

某制造公司自创立之时就没有做好薪酬管理工作,员工的薪酬与岗位和业绩脱节,导致员工的工作积极性不高,整个公司的工作效率和管理效果都堪忧。

为了解决资不对岗的问题,改变公司自上而下形成的不良工作方式,该公司进行了薪酬管理制度的改革,设计了适应企业发展和员工需要的薪酬体系。员工的薪酬主要取决于三个因素:岗位等级、个人技能和绩效表现。其中个人技能和绩效表现是薪酬体系的重中之重,正确地运用它们可以更好地激励员工提高工作质量和效率。

此外,该公司在薪酬体系的设计中还引入了市场化因素,通过对行业内同类岗位的薪酬水平进行调查和分析,确保员工的薪酬水平与市场价位相符。这样不仅可以吸引和留住人才,还能够提高员工的工作满意度和忠诚度。

除了引入市场化因素,该公司还引入了专业的薪资管理系统,以提高薪资管理的精细化和自动化程度,减少人工操作和错误,降低管理成本,并提供实时的薪资数据和分析,帮助企业作出科学的薪资决策。薪酬管理系统使用后,该公司彻底告别了传统手工算薪的工作方式,这不仅对薪酬管理工作有了自动化、智能化、流程化的提升,还间接助力了企业工作方式的革新。

通过这个改革企业薪酬管理制度的案例可以看出，企业制定合理的薪酬制度，可以提高员工的工作积极性和工作效率，进而改变员工的工作方式。同时，合理的薪酬制度还可以帮助企业吸引和留住人才，促进企业的长期发展。

数字化的薪酬管理方式让企业运转得更顺畅，为企业带来多方面的工作方式上的变革，以下是一些具体的表现。

一是实现自动化工作流程。通过将数字薪酬管理系统引入薪酬管理体系之中，企业可以自动计算员工的薪酬、奖金、福利等，减少人为错误，提高员工工作效率。

二是提高公平性和透明度。通过实施数字薪酬管理系统，企业可以建立有利于全体员工共同遵守，且公平、透明的薪酬制度，以此提高员工的工作积极性和满意度。

三是实现数据化管理。薪酬管理可以将员工的各项与工作相关的数据进行智能化处理和存储，方便企业进行数据分析和决策，从而更好地管理人力资源。

四是实现个性化管理。薪酬管理可以根据员工的个人需求和不同情况，设计个性化的薪酬方案，以提高薪酬制度的指向性和员工工作的满意度及忠诚度。

五是增强竞争力度。合理、有效的薪酬管理制度，不仅可以更加公平、公正地核算出员工的薪酬所得，还能达到各岗位平均的市场薪酬标准，以增强薪酬的对外竞争力度。

六是兼具动态调整。好的薪酬管理制度绝不是一成不变的，而应随着市场的发展和企业的实际情况随时调整,如此才能保证薪酬对于员工的吸引力。

综上所述,薪酬管理可以为企业带来多种工作方式上的变革,提高工作效率和准确性,同时提高员工的工作积极性和满意度。

薪酬管理对管理层的决策起辅助作用

某生产企业未实施薪酬管理制度之前,决策是根据市场情况、发展需要和经营现状作出的。这样作出的决策虽然通常都能兼顾企业战略规划,落实到具体的执行部门却总是不能被很好地执行。

为了解决这个问题,企业设置了严格的奖惩制度,起初效果不错,但过了一段时间就又回到了老样子。一些老员工还因为多次受到处罚而对企业产生了不满,甚至有的员工选择离职而去。

走了不少弯路后,企业决定实施薪酬管理制度。薪酬管理制度的核心是对高绩效员工提供激励性薪酬计划,此外还设计了奖金制度,基于员工的个人绩效和企业业绩,对超额完成目标的员工给予额外奖励。同时,企业还提供了股权激励计划,让员工成为企业的股东,与企业共同分享成功。

这种薪酬管理政策不仅激发了员工的工作热情,提高了员工的士气和工作效率,更重要的是还可以为企业的管理决策起到辅助性帮助作用。因为薪酬管理中不仅有员工的薪资类数据,还有全体员工的数据信息,这些数据能够为企业管理层在人员薪资结构的分析和人力资源管理决策中起到很强的数据辅助作用，来进一步为企业的总体决策提供信息基础，极大地推动企业的综合能力和发展潜能。

例如，企业管理层可以根据薪酬数据评估员工的绩效表现，从而确定员工的薪资数额和奖励数额，以进一步确定员工的能力素质等级，判断出员工与其任职岗位的匹配程度。如果员工的能力素质等级高，则员工与其任职岗位的匹配程度就高；如果员工的能力明显高于其所任职的岗位，那么即可将其纳入晋升通道。反之，如果员工的能力素质等级低，则员工与其所任职岗位的匹配度就低；如果明显低于其所任职的岗位，则应将其纳入降职通道。

将上述用以判断员工能力素质的方法用于判断一个部门、一个分公司，也是适用的。例如，通过部门总的薪资数额和奖励数额，判断部门的能力等级，薪资数额和奖励数额相加后高的，可以判断部门的能力等级高。如果企业研发部门的能力等级很高，则该企业的研发能力很强，企业在作出与研发生产相关的决策时应考虑这部分因素，借助研发实力推动企业继续扩大市场占有率。再如果企业销售部门的能力等级很高，则该企业的销售能力很强，企业在作出与生产、销售相关的决策时应考虑这部分因素，借助销售实力推动企业稳固现有市场。

通过以上阐述可知，薪酬管理可以帮助企业管理层了解员工和部门的能力值、经验值和潜能值，以便更好地安排工作和分配任务。总之，企业的薪酬管理不仅可以提高员工的工作积极性和效率，还可以为企业管理层提供有用的数据信息，帮助管理层作出更明智的决策，促进企业的长期发展。

第二章　基于战略的薪酬体系设计

基于战略的薪酬体系设计是让企业的薪酬策略与企业的战略目标和价值观相一致，并通过薪酬激励机制支持和推动组织战略的实施。

薪酬体系需要解决的核心问题是如何将有限的薪酬资源正确、合理且差异化地投入到具体对象（员工），最大化地激发人力资源效率，提高人力资源投入产出比。因此，薪酬策略是对薪酬体系内容的基本设计导向。薪酬设计过程包括薪酬要素确定、薪酬水平比较、薪酬结构设计、薪酬激励设计和薪酬模式选定。

定要素：付薪要素结合付薪目的

在薪酬体系设计开始之前，必须明确其界限，遵循"以终为始"的思路，使得薪酬体系设计能够遵循完整和严密的逻辑。

那么，薪酬体系设计最终要解决什么问题呢？可以用"3W2H框架"进行梳理。

Why——为什么要发？（目的定位，付薪要素）

What——发什么？（薪酬结构）

Who——发给谁？（定薪、调薪机制）

How——怎么发？（绩效关联机制/奖金分配机制/岗位与薪酬匹配机制）

How much——发多少？（薪酬水平）

企业给予员工的劳动报酬就是薪酬。企业能够向员工支付薪酬，是因为员工的劳动为企业带来了经营收入。付薪的最终目的是实现企业的长期战略目标和利益最大化，薪酬管理的最终结果则是为实现该目标所做的一系列措施。因此，企业薪酬策略的选择一定是自上而下的，从企业战略，到企业人力资源规划，再到企业具体经营需要，最后得到薪酬策略。是否从战略视角切入进行薪酬策略的制定，是决定整个薪酬体系能否支撑企业战略，实现对员工合理高效激励的起点。

基于战略导向的布朗德薪酬管理体系模型（见图2-1），从战略、制度和技术层面展现了薪酬体系设计的整个过程和相关决定因素。

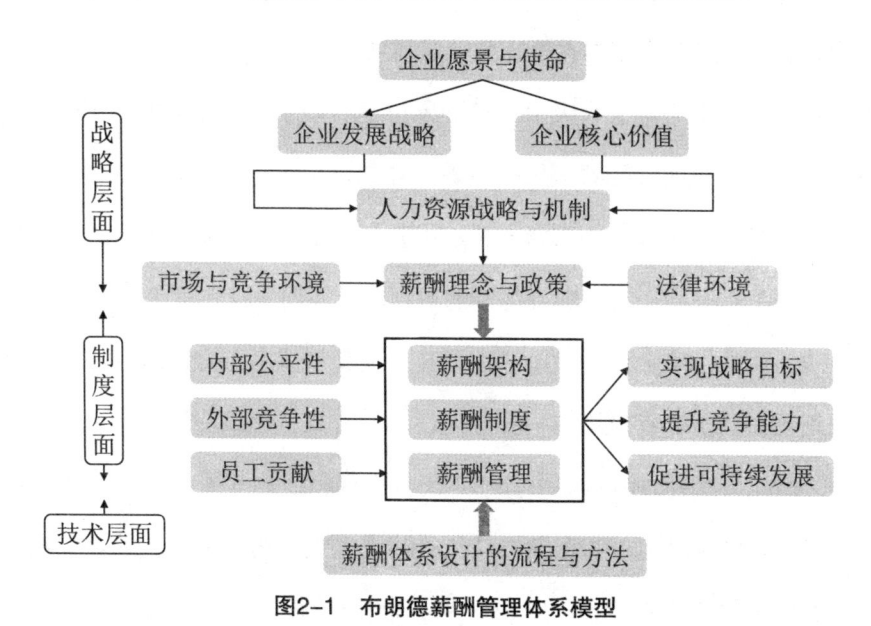

图2-1 布朗德薪酬管理体系模型

战略导向是薪酬策略选择的第一因素，也几乎是一切管理工作的开端，但仅凭简单的战略导向引导薪酬策略又未免太过笼统。薪酬体系服务的对象是企业战略，但薪酬体系的承载者又是企业的每一个员工，因此在进行薪酬体系设计时，不能只向上照顾企业战略，更重要的是不能忘记企业的每一个员工，他们应该是薪酬体系设计中被重点关注的对象。

虽然薪酬体系设计的最高标准是全员定制化，但因为需要考虑每个对象的特点，因而实施难度过大，需要有非常全面和细致的定薪策略与调薪策略。大多数企业不具备实施定制化薪酬的能力和需求，但并非因此就可以不关注薪酬承载对象。不能照顾到每一个承载对象，但可以通过对薪酬目标的定位做到分类关注承载对象。

1. 企业薪酬定位

企业薪酬定位一般分为三种：吸引、激励和保留。付薪目的定位会对企业薪酬策略的选择产生直接影响，因此，在进行薪酬策略选择之前，确定企业整体或某些类型的薪酬定位非常重要。

（1）薪酬策略定位为吸引。这种定位主要用于人才紧缺的情况下，如果持续紧缺，说明实际薪酬策略或者人才战略存在严重问题，因而这种定位方式只是一个阶段性的选择，具有非持续性的特点和宣传效应。在实际操作中，基本等同于高工资或优厚的福利以及长期激励政策等。

（2）薪酬策略定位为激励。这是在企业整体或者某些岗位存在不活跃和缺乏动力的情况下采用的一种导向性激励方式，用以激励某些人和某些行为。因此，这种薪酬策略十分注重岗位表现和绩效考核。

（3）薪酬策略定位为保留。在人员流失严重的情况下，企业需要利用薪酬手段保留其核心人才，以缓解人才流失现象。但实际情况是，除非薪酬水平严重低于市场，否则一般情况下，人员的流失并不单纯是薪酬水平的问题。因此，当使用这种薪酬策略时，还应找到薪酬之外导致人员流失的其他原因，做到从根本上解决问题。

2. 企业付薪要素

企业付薪要素是比较抽象的概念，不能单独存在，往往与薪酬结构、岗位评估因素、绩效考核结果和所选激励方式等关联在一起。简而言之，付薪要素即企业为什么要付钱。应该依据什么付钱？这里可以简单地概括为依据人的价值而付钱。但是，人的价值不能单纯按照绩效量化，还应考虑个人能力和岗位价值。

由此可知，在实际薪酬体系设计中，有以下三种最为常见的付薪要素。

（1）基于具体岗位付薪。即根据岗位能够为企业创造的价值付薪。不同岗位为企业创造的价值不同，为企业创造价值的方式也不同，因此需要选择不同的付薪策略。

（2）基于个人能力付薪。即对员工个人能够为企业创造价值的可能性付薪。同样的岗位，让不同能力的员工来做，创造的价值必然有差异，因此选择的薪酬策略必然不同。

（3）基于绩效结果付薪。即针对员工在岗位上实际创造的业绩支付报酬，且报酬会随绩效的变化而变化。

为岗位付薪是事中控制，购买的是现在；为个人能力付薪是事前控制，购买的是未来；为业绩结果付薪，是事后控制，购买的是过去。由此可见，企业可以从购买过去、现在还是未来的角度出发，灵活制定付薪策略。

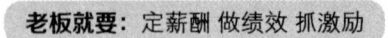

定水平：兼顾外部竞争性与内部公平性

企业的薪酬水平，是企业和员工都非常关注的，对企业而言决定了人工成本的高低，对员工而言决定了个人收入的高低。

无论薪酬水平高与低，都是相对概念。因此，薪酬水平一定要有一个比较对象，要么与外部比较，要么在内部比较。

1. 与企业外部薪酬水平作比较

将企业薪酬水平与市场同类岗位、同等能力和同样资历的进行比较，结果包括领先、跟随、滞后、混合四种情况。

（1）领先型：一般指市场75分位及以上的水平。这种情况大多是高薪资高福利组合，体现了财力雄厚、振奋上进的形象。其高薪酬或因智力密集，或因资金密集，或因行业垄断，或因同时具备上述两个或三个属性。

（2）跟随型：一般指市场50分位左右的水平。薪资和福利通常处于市场平均水平，这是大部分成熟企业采用的模式。企业需要时时掌控外部市场状况来调整其自身的薪酬福利水平，但因为薪酬福利在外部市场的竞争性不强，因此在吸引优秀人才和保持团队稳定性方面不具优势。

（3）滞后型：一般指市场25分位甚至更低的水平。为降低企业的人力成本开支，而采取"低薪资+低福利"的薪酬策略。这种情况多出现在门槛低、产能过剩、充分竞争的行业。

（4）混合型：根据不同岗位类别，分位水平稍有区分，体现的是精打细算的经营理念，会根据企业发展的侧重选择不同的分位水平。初创期和转型期的企业会更多地采取这种模式，倾向高薪资低福利，把钱花在刀刃上。

2. 企业内部薪酬水平比较

讨论完外部竞争性问题，接下来讨论内部公平性问题。相对于外部比较，内部比较更不易把控，多数企业的薪酬弊端都源自内部失衡。首先说明一点，公平不等于绝对平等。企业内部的薪酬水平应是依据严格条件和可靠理由之下的同工不同酬，一般可以通过在企业内部划分为空间维度和时间维度来实现。

（1）空间维度上的薪酬水平。空间维度即岗位维度，是企业内部各岗位之间薪酬水平倾斜度的差异。这样解释很容易让空间维度与混合型薪酬混淆，因为都是基于岗位产生的差异化策略，但混合型薪酬强调每类岗位与外部的比较，空间维度则是强调企业内部的比较。

某集团企业下属一制造类子公司，因为未能及时跟上市场需求更新换代，导致产品滞销，运营艰难。原总经理被免职，新任总经理赵某走马上任，目标是要在18个月内实现扭亏为盈，这无疑是一项艰巨的任务。

鉴于该子公司运转不良、资金缺乏，赵某上任伊始，就将改革的第一炮打在了清理冗员与薪酬调整上。因为该子公司的整体薪酬水平属于滞后型，但高级管理人员的薪酬却异常之高，只是中基层人员的薪酬严重滞后。这为清理冗员提供了契机，公司在短时间内裁员过半。公司对剩下的员工进行了薪酬调整，高级管理人员的平均降薪幅度达到30%，但约定只要企业能如期在18个月内扭亏为盈，则会给高级管理人员予以"现金+期权"的奖励；留下的中基层员工的薪酬平均上涨50%，成为略高于市场均值的跟随型。同时大幅提高研发人员、生产人员和销售人员的奖金，但跟业绩挂钩，只有达到公司规定的生产销售任务，才能兑现。

经过这样一番大刀阔斧的改革，该子公司迅速恢复了活力，从过去的"练嘴观望风"变为"实干积极风"，积压的库存也很快被消化掉，虽然赔了一些钱，但也回笼了可观的资金，为下一步继续研发、生产保留了有生力量。经过一年的不懈努力，该子公司的运转状况彻底改观，当年就实现了扭亏为盈，企业各层级人员的奖励都得到了兑现。

很显然，薪酬水平在这个案例中的作用范围就是企业内部，而薪酬改革的决策依据是从充分的岗位价值衡量和战略需求中分析得来的。

（2）时间维度上的薪酬水平。时间维度的薪酬水平通常不是被放在常规的薪酬体系中进行描述，而是在调薪机制中通过调整薪酬的方式去表述。这就要求对于目前处于薪酬高位或低位的员工，企业能够提供足够清晰且准确的预期，既要避免某些人才因为期望无法满足而离开，也要避免某些不合格员工尸位素餐。时间维度的着眼点是随着时间推移而不断调整员工薪酬，调整的依据是员工的能力与表现，也就是充分认可员工的效能，再辅以财务状况、发展规划、岗位分析等几个方面。

华为公司的快速发展，离不开人力资源管理和薪酬制度的助推，其内部规定："我们强调人力资本不断增值的目标优先于财务资本增值的目标。""我们在报酬与待遇上，坚定不移向优秀员工倾斜。工资分配实行基于能力主义的职能工资制；奖金的分配与部门和个人的绩效改进挂钩；安全退休金等福利的分配，依据工作态度的考评结果；医疗保险按贡献大小，对高级管理和资深专业人员与一般员工实行差别待遇，高级管理和资深专业人员除享受医疗保险外，还享受医疗保健等健康待遇。我们不会牺牲公司的长期利益去满足员工短期利益分配的最大化，但是公司保证在经济景气时期与事业发展良好阶段，员工的人均年收入高于区域行业相应的最高水平。"

华为内部引入竞争和选择机制，并建立劳动力市场，促进内部人才的合理流动，按其创始人任正非的说法，华为就是"高效率、高工资、高压力"的"三高"企业，其中"高工资是第一助推力"。

定结构：对薪酬总额进行切割

当薪酬水平高低确定下来后，就要把薪酬总额进行切割，再根据不同的规则发放出去。因此，搭建薪酬结构的本质是一种分配策略，对于不同类型的薪酬策略，其背后的分配机制不同。

薪酬结构按照固定和非固定可以分为外显和内隐两大类。外显部分即固定薪酬，与企业的经济效益和员工的业绩表现不相关，是员工固定获得的薪酬，包括基本工资、津贴、保险、福利等；内隐部分即浮动薪酬，通常数额不固定且具有风险性，与企业经济效益和员工的业绩表现挂钩，是员工不一定能获得的薪酬或者获得的薪酬数额不确定，包括绩效工资、奖金、长期激励等。

1. 薪酬结构的外显部分

薪酬结构的外显部分，是指在总的薪酬金额中，不同类型固定薪酬的组成。在不同类型的企业中，固定类薪酬的形式和称呼不尽相同，如基本工资、岗位工资、社会保险、医疗保险、职务津贴、各类补助等。但究其本质，主要有以下几个组成部分。

（1）基本工资，是一名员工在工作岗位上的基本报酬，还有诸如岗位工资、职位工资、技能工资，甚至年功工资等。

（2）福利保险，是以福利形式发放的薪酬，是一种全员享有、强调保障性和关怀作用的薪酬形式，包括以现金形式发放和通过保险形式来兑现。

（3）额外补助，是一些基于实际情况而设定的补充薪酬，如误餐补贴、通信补助、交通补贴、租房补贴等。

（4）特殊津贴，是一些无法归类的针对特殊岗位或特殊人群或特殊情况而设立的补充薪酬科目，如保留津贴、危险作业津贴、高温高湿津贴、高空作业津贴、特殊证书津贴等。

2. 薪酬结构的内隐部分

薪酬结构的内隐部分，是指在总的薪酬金额中，不同类型浮动薪酬的组成，主要表现为绩效工资、短期激励和长期激励。其中，短期激励因为激励设定的时长较短，也可看作绩效工资。

（1）绩效工资，一般理解为各种奖励、奖金，是对员工的单次表现或一段时间内的表现予以的物质奖励，有别于基本工资的对个人价值的衡量和绩效工资的对成果高低的衡量。

（2）长期激励，是与部分员工或全体员工分享企业长期收益的一种激励形式，包括利润分享、股利分享、股权计划等。

短期激励是为了企业某一阶段的绩效，与短期绩效目标绑定；长期激励是为了企业的长期绩效，与长期绩效目标绑定。

3. 薪酬固浮比

这个比例在薪酬体系设计中非常重要。一方面影响企业人力成本在时间范围上的波动情况，很多企业会在财务周期的开始或结束时进行浮动工资的结算；另一方面影响企业的生产和运营薪酬，浮动部分高，则成本压力大，薪酬固定部分高，监管难度大。

一般情况下，根据薪酬固浮比的大小可以将企业薪酬结构策略分为三种：高固定型、高浮动型、调和型（见表2-1）。

表2-1　三种薪酬结构

薪酬结构类型	高固定型	高浮动型	调和型
特点	固定薪酬比例大，浮动薪酬比例小	固定薪酬比例小，浮动薪酬比例大	固定薪酬与浮动薪酬比例适中
固浮比例	固定薪酬占比80%~100%，浮动薪酬占比%~20%	固定薪酬占比0~40%，浮动薪酬占比60~100%	固定薪酬占比50%~70%，浮动薪酬占比30%~50%

三种薪酬结构各有其特点和效用：高固定型薪酬结构有助于提高员工的忠诚度，稳定作用强，但会降低员工的工作积极性，激励效果差；高浮动型薪酬能提高员工的工作积极性，激励效果强，但稳定作用差，员工的忠诚度低；调和型薪酬结构既有助于保护员工的忠诚度，也有助于提升员工的工作积极性，但也可能因为其他各种原因而产生与之相反的效果——员工的忠诚度既未得到提升，工作积极性也降低了。

在实际操作中，不同岗位适用的薪酬固浮比不同，具体该如何选择应根据岗位特点而定，如可以从业绩变动性和组织绩效影响程度进行分析，建立一个二维选择矩阵（见图2-2）。

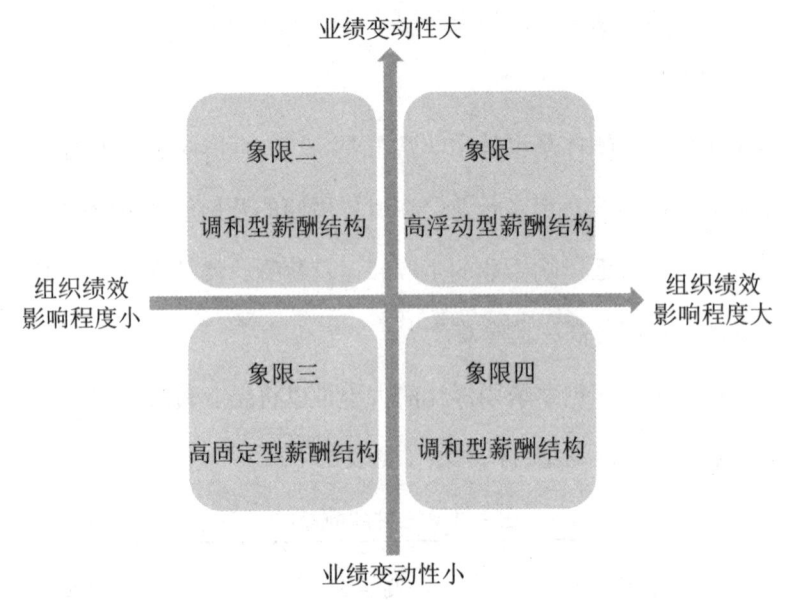

图2-2 薪酬固浮比选择矩阵

（1）业绩变动性大，组织绩效影响程度大——进入第一象限，宜采用高浮动型薪酬结构，如企业高层管理人员、销售人员。

（2）业绩变动性大，组织绩效影响程度小——进入第二象限，宜采用调和型薪酬结构，如标准化程度不够的企业里的客服人员、采购人员。

（3）业绩变动性小，组织绩效影响程度小——进入第三象限，宜采用高固定型薪酬结构，如职能部门管理人员和具体执行者。

（4）业绩变动性小，组织绩效影响程度大——进入第四象限，宜采用调和型薪酬结构，如质检人员、库管人员。

定激励：客观衡量业绩与成果

某制药公司老板意识到薪酬政策对员工的重要性，特别是在高竞争的行业中能够吸引和保留人才。因此，该公司采用了差异化薪酬策略，结合员工的绩效结果和市场情况，确保员工的薪酬水平具有竞争力。此外，该公司还引入了绩效奖金计划，根据员工的个人绩效和贡献价值提供额外的奖金激励。这种薪酬政策不仅激发了员工的工作热情和投入程度，还帮助公司吸引到了一流的人才，提高了员工的工作积极性和团队合作精神。

为什么一定要将薪酬拆分成固定和非固定两部分呢？是为了激励！当业绩与成果能够与奖金挂钩时，就能激励员工主动积极地努力，以取得更好的业绩与成果。

激励的前提必须是公平合理的，能够客观地衡量员工的业绩与成果。例如，生产人员的业绩是生产了多少合格产品，科研人员的业绩是设计出的产品为企业带来了多少价值，销售人员的业绩是超额销售了多少产品，管理人员的业绩是带领团队完成了哪些目标……总之，激励必须针对人员所处的岗位特点而对其价值进行合适的衡量，如果做不到与人员岗位相符，则再高的激励也是无用的。例如，对设计人员考核协作能力，对行政人员考核服务能力，对销售人员考核工作时间，对管理人员考核销售业绩……这样的衡量标准都是本末倒置，并未考核到人员岗位的本质进而体现人员的价值。

企业中每个岗位实现价值的方式、衡量价值的标准都不相同，这与企业赋予这些岗位的职责相关。不同岗位的价值，有的用个数衡量，有的用钱数衡量，有的用时间衡量，有的用过程衡量，有的用评价衡量……实现这些价值的，有的是个人，有的是团队，有的是部门，有的是临时性组合……但总体即个人与团队之分，因此可以从两个维度展开对绩效和奖金的思考：奖金核算到个人还是团队，奖金核算的依据是业绩结果还是行为过程。结果是员工的产出能够明确衡量出对经营业绩的价值，即能算得出值多少钱；过程是员工的产出不能明确衡量出对经营业绩的价值，即无法明确算得出具体数字。

薪酬结构和绩效奖金的本质都属于分配机制，但奖金是薪酬结构中最具备激励操作价值的部分，使员工的收入存在变数，正是这种变数决定了激励的效力。

根据绩效与奖金的关联逻辑，可以总结出以下三类四种绩效奖金策略。

第一种，基于业绩结果的核算到个人——适用个人提成制。个人提成制是基于个人完成岗位职责的业绩结果核算个人提成，多劳多得，少劳少得，不劳不得。

第二种，基于行为过程的核算到个人——适用目标奖金制。目标奖金制是针对个人履行岗位职责的过程行为，设定若干指标进行考核，基于考核结果确定奖金系数。

第三种，基于业绩结果的核算到团队——适用团队分享制。团队分享制是基于团队共同完成的业绩结果核算团队的奖金总额，并在团队内部进行二次分配。

第四种，基于行为过程的核算到团队——适用里程碑式目标奖金制或里程碑式团队分享制。里程碑式目标奖金制和里程碑式团队分享制是在目标奖金制和团队分享制的基础上切分出若干个节点，基于各节点的考核结果确定奖金系数。

绩效奖金的制定策略应如何选择？其核心必须符合企业战略的指向性，即企业的战略规划方向是怎样的。是以提高收入、创造利润等财务目标为主，或是以品牌推广、深耕领域的产品目标为主，还是以市场拓展、规模发展的业务目标为主？不同的目标对应的薪酬策略不同，而处于同一企业中的各岗位也应根据具体目标采用适合的奖金策略。例如，某企业以提高收入、创造利润的财务目标为主，为销售人员付薪就必须考虑采用"基于业绩结果"的团队分享制和个人提成制，中后台的支持部门可以选择目标奖金制。

在一些老板的认知中，固定底薪低，提成奖金高，才是薪酬策略的王道。员工靠业绩说话，企业按业绩给奖金，是没有错，但固定底薪和提成奖金的比例各有其使用的情况，不能一概而论。固定底薪与提成奖金占比有着不同的组合方式（见表2-2），不同的组合方式存在不同的优势与不足，其适用的情况也各有不同。

表2-2 固定底薪与提成奖金的不同比例组合

组合策略	适用情况	优势	不足
低底薪+高提成	销售周期短，个人能力关联性大；业绩需求大（周期短，见效快）	无业绩产出时，企业人力资源成本低；激励力度大	双方趋于交易关系，可能产生短期行为；不利于人才保留

续表

组合策略	适用情况	优势	不足
高底薪+高提成	盈利能力强的企业，对人员稳定性要求高	保障员工基本利益，人员相对稳定；激励力度大	人力资源成本过高
高底薪+低/中提成	无拓展需求的企业，只需维护现状，强调人才保留	保障员工基本利益，人员相对稳定	人力资源成本较高，激励效果较差
低底薪+中/低提成	业绩产生不依赖销售人员的个人能力，销售管理机制完善	无业绩产出时，企业人力资源成本低	不利于人才的吸引和保留

定模式：用宽带薪酬替代窄带薪酬

组织结构扁平化是现代企业发展的趋势，传统的窄带薪酬制度已经不能适应扁平化组织，而基于绩效考核的宽带薪酬制度更能满足扁平化组织的发展需求。

窄带薪酬是指具有大量层次的传统垂直型薪酬结构，是将企业中不同的职位按序列划分为不同的级别。

宽带薪酬是指带宽较宽的薪酬，是对多个薪酬等级和薪酬变动范围的重新组合，然后变成相对较小的薪酬等级和相对较宽的薪酬变动范围。

窄带薪酬，即薪酬浮动范围小、等级多。与之对应的宽带薪酬中的"带"意味着薪酬级别，因此宽带薪酬的浮动范围比较大。由窄向宽的改变，具体的表现形式是：在企业内用少数跨度较大的工资范围来代替原有数量较多的工资级别的跨度范围，将原来十几级甚至更多薪酬等级压缩成几个级别，同时将每一个薪酬级别所对应的薪酬浮动范围扩大。

以宽带薪酬模式构成的宽带薪酬体系（见图2-3），是一种根据不同级别、不同岗位、不同能力、不同工作状态设置的有一定薪酬跨度的付薪模式。

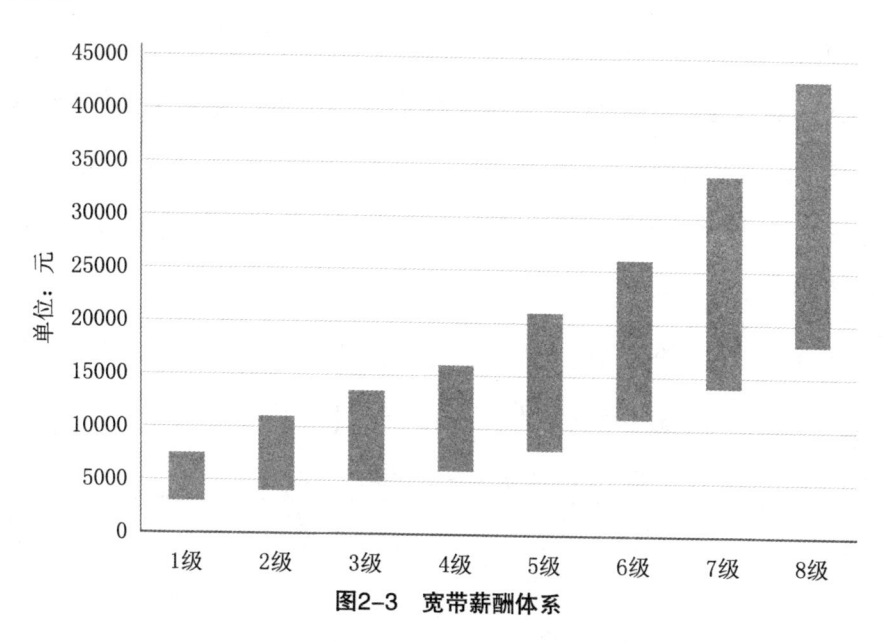

图2-3 宽带薪酬体系

注：

1. 横坐标代表宽带薪酬体系中的薪级。

2. 纵坐标代表薪酬标准。

3. 每一个长方形代表对应薪级的薪酬标准范围（底部为最小值，顶部为最大值）。

员工根据自己的岗位和工作业绩，在其对应的薪酬范围跨度内定薪。员工在一般努力的情况下可以达到一个薪酬标准，在非常努力的情况下可以提升薪酬标准。

薪酬体系看起来是一系列数字，但如何让这些数字更为明确合理呢？这就需要把握薪酬设计中的三要素：中点值、级差和级幅度。

1. 中点值

在宽带薪酬体系中，每一个薪级对应的中点值代表企业对岗位的付薪水平。因此，确定了关键岗位所在薪级的中点值，就基本确定了该薪级的薪酬数额。

关于此，企业可以参考专业机构发布的薪酬调研报告、竞争对手的付薪水平，以及企业内部以往对应岗位的付薪水平，但一定要注意企业整体人力资源成本的可承受限度。

在一个宽带薪酬体系中，能够明确的薪级的中点值通常会以以下三种形式出现。

（1）确定每一个薪级的中点值（见表2-3）。将每一个薪级的中点值都确定好，也就基本确定了薪酬体系的付薪水平和整体定位。

表2-3　确定每一个薪级的中点值

薪级	1	2	3	4	5	6	7	8	9
中点值	50	55	61	68	77	87	101	121	150

（2）确定几个薪级的中点值。在进行薪酬定位时，由于缺少完善的外部数据，因此只能确定几个核心岗位薪级的中点值（见表2-4）。

表2-4　确定几个核心岗位薪级的中点值

薪级	1	2	3	4	5	6	7	8	9
中点值			61		77	87			150

（3）只能确定一个薪级的中点值（见表2-5）。这种情况较为少见，但却很典型，原因在于可参考的数据太少。

表2-5　只能确定一个薪级的中点值

薪级	1	2	3	4	5	6	7	8	9
中点值				68					

2. 级差

在宽带薪酬体系中，核心是中点值。在三种中点值形式中，各薪级中点值都能确定的，就无须再计算级差，可以直接设计级幅度。定级差主要是针对后两种情况，通过几个核心薪级确定所有薪级的中点值。计算公式如下：

较高薪级的中点值＝较低薪级的中点值×（1+级差）

可以通过以下三种方法求出中点值。

（1）通过几个分散薪级的中点值确定各薪级级差。某公司经分析评价确定的关键岗位中点值见表2-6。

表2-6　某公司关键岗位中点值

薪级	1	2	3	4	5	6	7	8	9	10
中点值				50000			90000		15000	

如何体现薪级中点值之间的关系？根据级差公式，假设薪级4级与薪级5级之间的级差是S_{4-5}，其他级差依次类推，得出如下等式：

$90000 = 50000 \times (1 + S_{4-5}) \times (1 + S_{5-6}) \times (1 + S_{6-7})$

虽然各薪级的中点值并非等差或等比关系，但它们之间的差别并不是很大，所以暂按等差计算，即$90000 = 50000 \times (1+S)^3$，计算得出S为22%。

按一般规律来说，低薪级中点值会小于高薪级中点值，即$S_{4-5} < S_{5-6} < S_{6-7}$，所以取中间的$S_{5-6}=22\%$，可知$S_{4-5}$的具体值应在22%的左侧设置，$S_{6-7}$的具体值应在22%的右侧设置。同理，$S_{1-2}$、$S_{2-3}$、$S_{3-4}$、$S_{7-8}$、$S_{8-9}$、$S_{9-10}$也可以按照以上公式计算得出相应级差。所以，该公司各薪级的级差根据计算所得与级差的一般规律设置，见表2-7。

图2-7 某公司薪级级差设置

薪级	1	2	3	4	5	6	7	8	9	10
级差		S_{1-2}	S_{2-3}	S_{3-4}	S_{4-5}	S_{5-6}	S_{6-7}	S_{7-8}	S_{8-9}	S_{9-10}
		18%	19%	20%	21%	22%	23%	24%	25%	26%
中点值	3.00万	3.57万	4.28万	5.18万	6.32万	7.77万	9.63万	12.04万	15.17万	19.24万

（2）通过几个连续薪级的中点值确定各薪级级差。某公司经分析评价确定的关键岗位中点值见表2-8。

表2-8 某公司关键岗位中点值

薪级	1	2	3	4	5	6	7	8	9	10
中点值				50000	60000	80000				

通过上面的方法了解到，可以根据相应的薪级、中点值计算级差 S_{4-5}、S_{5-6}、S_{6-7}（或 S_{3-4}、S_{4-5}、S_{5-6}），并根据这三个级差呈现出来的规律确定其他薪级的级差与中点值。

但是，在薪酬体系设计时，进行相邻或连续的薪级的设计，可能导致距离较远的未知中点值的薪级级差的计算出现偏差，因此在计算时需要通过试错来最终确定合理的薪级级差。

（3）通过一个薪级的中点值确定各薪级的级差。某公司经分析评价确定的关键岗位中点值见表2-9。

表2-9 某公司的关键岗位中点值

薪级	1	2	3	4	5	6	7	8	9	10
中点值						80000				

上述（1）和（2）两种方法可以通过一定的计算方式确定未知薪级的中点值。但如果只有一个已知薪级与中点值，便无法计算薪级级差。这种情况下，需要依靠经验假设级差，确定中点值。在凭经验给出数据的过程

中，需要全方位衡量，多方面征求意见，再经过反复试错，力争推测出的数据尽可能靠近正确值。

3. 级幅度

确定了薪级的中点值和级差，就确定了每个薪级付薪的水平，每个薪级的级幅度（带宽）则代表了该薪级的付薪范围。计算公式如下：

某薪级的级幅度 = 某薪级的（最大值 – 最小值）÷ 最小值

薪级幅度的确定需要注意幅度控制问题。如果级幅度设定过宽，将不宜体现薪级之间的差距，也会在定薪时导致薪酬偏高，令企业人力成本失控；如果级幅度设定过窄，将导致薪级内的薪酬浮动无法有效体现，更无法容纳薪级内不同能力值员工的差别化定薪。

为了保障薪级幅度设定得合理有效，需要依据以下两个原则。

（1）基本覆盖原则。宽带薪酬体系必须适用于企业经营现状，薪酬体系能够覆盖现有的大多数员工的薪酬数据。

（2）增长空间原则。一个科学合理的薪酬体系必须具有增长性，即薪酬体系的数据能够保障大多数岗位未来 2~3 年的增长空间。

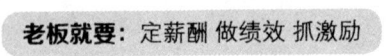

第三章　岗位分析与岗位价值评估

岗位分析和岗位价值评估相辅相成。岗位分析提供了对岗位职责和要求的详细说明，为岗位价值评估提供了数据和信息支持。岗位价值评估则基于岗位分析的结果，对岗位的相对价值进行评估和排名，从而为薪酬和人才管理决策提供依据。

岗位分析和岗位价值评估是企业经营管理过程中的重要内容。岗位分析能帮助老板深入了解岗位的要求和特点，而岗位价值评估则有助于确定岗位的相对价值和重要性，为实现企业的有效运作和人力资源优化配置打下良好基础。

关键岗位辨识

1.关键岗位分析和薪酬管理的关系

关键岗位分析和薪酬管理之间存在着密切的关系。关键岗位分析确定了企业中对业务成功至关重要的岗位，而薪酬管理则是对这些岗位的薪酬进行设计、评估和管理。具体的关系可以从以下四个方面体现。

（1）薪酬差异化。通过关键岗位分析，企业可以确定哪些岗位对于实现业务目标和战略至关重要。薪酬管理将根据这些岗位的重要性和价值，为关键岗位设计相应的薪酬结构。这意味着关键岗位可以享受到相对较高的薪酬水平，以吸引和激励高素质人才。

（2）薪酬奖酬制。薪酬奖酬制也称为绩效奖酬，即关键岗位分析有助于确定关键岗位的关键绩效指标和目标。薪酬管理可以将薪酬与绩效挂钩，根据关键岗位员工的绩效评估结果提供相应的奖酬。这可以激励员工为企业的成功做出更大的贡献，并增强他们的工作动力。

（3）薪酬竞争力。关键岗位通常与企业的核心能力和战略目标密切相关。为了吸引和留住高素质人才，薪酬管理需要考虑市场竞争力，确保关键岗位的薪酬水平与相关行业和地区的市场水平相符合。这有助于确保企业吸引到适合的人才，保持竞争力。

（4）薪酬公平性。关键岗位分析有助于确定关键岗位的职责、要求和技能。薪酬管理需要确保在企业内部对于不同岗位之间的薪酬差异具有合理的解释和公平性，这意味着在薪酬管理中需要考虑岗位的重要性、职责和贡献，以体现薪酬体系的公平合理。

综上所述，关键岗位分析为企业及其他相关人员提供了了解企业中重要岗位的方法和途径，为薪酬管理提供了指导和依据。薪酬管理根据关键岗位的重要性、绩效和市场竞争情况，设计和管理关键岗位的薪酬策略，以确保企业发展的平稳前行。

2. 关键岗位的评价

关键岗位的评价需从两个方面来考虑：岗位的战略价值及岗位的可替代性。岗位的战略价值越大，可替代性就越小，岗位就越重要。其中岗位的战略价值可以从以下三个维度加以衡量。

（1）岗位对企业的影响度。这用岗位价值评估的工具判断即可，例如，海氏的三因素评估法、美世的 IPE 职位评估系统、翰威特的六因素评估法等。

（2）岗位与企业关键成功因素的关系。这主要是看岗位和企业关键成功因素的关系是比较密切还是程度一般。

（3）岗位所处价值链位置。任何岗位都不是独立存在的，如果某一岗位在价值链中非常重要，则会给该岗位的战略价值加分。

由此可知，关键岗位辨识是企业管理中非常重要的一项任务，作为老板必须亲自掌握这项能力。

3. 关键岗位辨识的一般步骤

第一步，业务分析：企业需要进行全面的业务分析，以了解业务目标和战略重点。这将有助于企业确定其经营发展所需的关键岗位及其职能。

第二步，岗位评估：对企业中的各个岗位进行评估，以确定它们对业务目标的重要性。可以通过评估岗位的影响力、风险、决策权和对其他部门或团队的依赖性来实现。

第三步，关键职能识别：根据岗位评估的结果，确定关键职能。这些职能通常与企业的核心能力和战略目标密切相关，并对企业的长期成功起到重要作用。

第四步，岗位描述和规范：对每个关键岗位进行详细描述和规范，包括职责、要求、技能和经验等。这有助于确保企业对关键岗位有清晰的认知和期望，并吸引到适合的人才。

第五步，人才识别和发展。一旦关键岗位被识别出来，企业需要识别现有员工中具备相关技能和潜力的人才，并提供相应的发展机会和培训，来确保这些岗位得到有效填补。

识别企业关键岗位必须避开一个关键性误区，即高层都是关键岗位。其实，关键岗位可能存在于组织的任何一个层级，且因为企业战略不同关键岗位也不一样。例如，用户关系型企业的竞争力侧重于用户关系的建立与服务，其销售部门就是企业的关键岗位；产品领先型企业的竞争力侧重于研发满足和引领客户需求的产品，其研发部门就是企业的关键岗位；卓越运作型企业的竞争力侧重于运营效率，以低成本得到高效率著称，其供应链或生产部门就是企业的关键岗位。

归根结底，企业关键岗位识别必须从战略出发，寻找企业核心工作任务，即能够直接影响该任务达成的便是关键岗位。

岗位分析方法

岗位分析是企业内部管理和人力资源管理的重要组成部分，对于企业的有效运作和人力资源管理具有重要意义。

1. 岗位分析的重要性

关于岗位分析的重要性可以从以下五个方面进行概括。

（1）招聘和选拔。岗位分析提供了对岗位的详细了解，包括职责、要求、技能和经验等，有助于企业确定对候选员工的要求，并开展有针对性的招聘和选拔活动。通过岗位分析，企业可以确定关键职能和技能，以便在招聘过程中筛选出最合适的人才。

（2）岗位设计和组织结构。岗位分析可以帮助企业设计和调整岗位，确保各个岗位的职责和要求相互衔接，协调工作流程。此外，岗位分析还可以揭示岗位之间的依赖关系和协作需求，有助于优化企业的组织结构和工作流程。

（3）员工发展和培训。通过岗位分析，企业可以识别出员工在岗位上需要具备的关键技能和知识。这为员工的发展和能力培训提供了有针对性的指导，可以更高效地帮助员工获取满足岗位所需的能力，并提高绩效水平。此外，岗位分析还可以帮助企业制订更为合理的员工个人发展计划，为员工提供成长和晋升的机会。

（4）绩效管理和激励。岗位分析有助于确定岗位的关键绩效指标和目标，为绩效管理提供基础，帮助企业设定明确的绩效标准和评估方法。通过将绩效与岗位分析的结果相匹配，企业可以激励员工为实现岗位目标和企业发展做出贡献。

（5）薪酬管理与规划。通过对岗位的分析，企业可以确定岗位的价值和重要性，从而制定合理的薪酬策略和差异化的薪酬体系，以吸引和留住高素质人才。

综上所述，岗位分析对于招聘、岗位设计、员工发展、绩效管理和薪酬管理等方面具有重要意义，能够帮助企业实现有效的人力资源管理和组织运作。

2.岗位分析的方法

岗位分析应该如何进行呢？也就是说，应该采取哪些方法对岗位进行深度、全面的分析呢？岗位分析是通过系统性的方法和技术来收集、分析和解释有关岗位的信息。以下是几种常用的岗位分析的方法。

（1）工作观察法。这是一种直接观察和记录员工在实际工作中所做活动的方法。通过观察员工的工作流程、职责和任务，记录相关数据和行为，以获取关于岗位职责和要求的详细信息。观察的工作活动要有代表性，尽量不要引起被观察者的注意（工作表演法除外），更不能干扰被观察者的工作。

由于不同的被观察者的工作周期和工作突发性稍有不同，所以观察法还应根据具体情况分为以下三个具体方法。

一是直接观察法。直接对员工工作的全过程进行观察，适用于工作周期很短且工作内容重复性高的职位。

二是阶段观察法。鉴于某些岗位的工作周期较长，为了能完整地观察到所有工作，需分阶段进行观察。如果阶段跨度太长，则不适合采用此方法。

三是工作表演法。对于工作周期很长和突发性事件较多的工作，岗位分析工作又无法拖延很长时间，可采用此种方法，具体为让被观察者表演其工作中其他阶段的工作或突发性事件的场景。

（2）问卷调查法。通过向岗位从业者、直接上级、同事或其他相关人员发放问卷，收集他们对岗位的观点和看法。问卷可以包含关于工作职责、技能要求、工作环境、绩效评估等方面的问题，以获取多样化的意见和数据。调查问卷的设计直接关系着问卷调查的成败，所以问卷一定要设计得完整、科学、合理。

国外的组织行为专家和人力资源管理专家研究出了多种科学的问卷调查方法，比较著名的有以下几个。

一是职位分析调查问卷PAQ。其共有194个问题，分为六个部分：资料投入、用脑过程、工作产出、人际关系、工作范围、其他工作特征。

二是阈值特质分析方法TTA。特质取向的研究角度是试图确定那些能够预测个体工作成绩出色的个性特点。

三是职业分析问卷OAQ。这是一个包括各种职业的任务、责任、知识技能、能力以及其他个性特点的多项选择问卷。

（3）面谈法。面谈法也称为采访法，通过与岗位从业者或相关专家进行面谈，了解他们对岗位的理解、所需的技能和知识以及工作条件等方面的信息。面谈可以采取结构化的形式，使用预定的问题或问卷，或者是非结构化的形式，允许自由对话和深入探讨。

面谈法有一些必须要达到的标准：所提问题需和岗位分析的目的有关；所提问题必须清晰、明确，不能含混、模糊；所提问题和谈话内容不能超出被谈话人的知识和信息范围；所提问题和谈话内容不能引起被谈话人的不满，或涉及被谈话人的隐私。

（4）参与法。参与法也称为职位实践法，即要求岗位分析人员直接参与到员工的工作中去，扮演员工的工作角色，体会具体的工作内容。参与法与工作观察法、问卷调查法相比较，获得的信息更加准确。

（5）群体讨论法。通过组织小组讨论或焦点小组讨论的方式，邀请多个相关人员一起探讨岗位的职责、要求和技能等方面的问题。这种方法可以促进信息共享、思维碰撞和知识汇集，提供丰富的岗位分析数据。

（6）文件和资料分析法。通过审查与岗位相关的文件、工作说明书、绩效评估报告和培训资料等，获取关于岗位的详细信息。这种方法可以帮助了解岗位的历史数据、职责范围、技能要求和绩效要求等方面的内容。

上述这些岗位分析的方法既可单独使用，也可结合使用，但都是针对关键岗位进行的，而非企业内部的所有岗位。由于每个岗位分析的方法都有其优势和缺点，因此企业应根据实际情况选择适合企业需求的方法，并确保信息收集的有效性和可靠性，以支持准确的岗位分析结果。

岗位价值评估

岗位价值评估是一种综合运用，用于评估不同岗位在企业运行过程中的相对价值和重要性。高质量的岗位价值评估是一套完整的流程性工作。

1. 评估准备阶段

关于岗位价值评估，必须要明白，其核心是评估岗位，不是评估岗位上的人，所以更新或者编写《岗位说明书》非常关键，以作为评估时的依据。《岗位说明书》要能清晰描述岗位的工作职责、任职资格、岗位权限、管理幅度等。

此外，还需组建岗位价值评估小组，来具体实施岗位价值评估。岗位价值评估小组的组建原则如下。

（1）评委不评同级岗位原则，目的是避免评委之间互相猜忌，让评分公平、公正。

（2）评委权重合理原则，即要求各部门/各岗位的评委数量及级别应保持一致。

2. 评估标杆岗位阶段

正式进入评估阶段，由岗位价值评估小组实施评估，评估时长取决于岗位的数量及评委对评估的熟练程度，基本上每个岗位的评估时间为20～30分钟。

岗位价值评估小组既可以选用咨询公司的评估模型，也可以根据本企业的实际情况准备定制化的评估模型。此外，还需准备Excel版《岗位价值评估表》，方便评分的统计。

岗位价值评估应该是一件在较短时间内完成的工作，因为岗位职能和价值会随着企业发展和时代的变化而不同。例如，对于规模庞大的企业，其岗位价值评估要持续一两年才能完成，待完成时其岗位职能和价值早已和最初评估时的侧重点偏离了。因此，岗位价值评估不能全面铺开，而要先进行标杆岗位价值评估。即先选出一定比例的代表性岗位进行评估，评估后的得分作为剩余岗位价值评估的标准或者参考。

标杆岗位的选择可以通过岗位特点选定，也可以通过随机抽取的方式确定。在进行岗位分析后，岗位分析人员，必然会找出一些关键又具代表性的岗位进行详细评估。但非关键岗位也不能完全忽略，否则就会造成标杆岗位失衡，使评估失去合理性。随机抽取一般是通过抽取《岗位说明书》的方式，将所有《岗位说明书》按照部门分类，从每个部门随机抽取一定的比例，建议10%为宜。

为了让评委更快地了解所要评估的标杆岗位，需要由被评估岗位所在部门的负责人对岗位职责和任职资格进行说明（时间控制在2～3分钟）。

部门负责人对标杆岗位完成说明后，评委开始对岗位进行评估打分，所有评委应同时且匿名评估同一个岗位，并将分数填入Excel版《岗位价值评估表》中。

3. 汇总评分，修订离散分数阶段

标杆岗位评估结束后，人力资源部门需要对评分进行汇总。在汇总前，需要先对分数进行相应的修订，过程如下。

第一步：去掉极值。去掉同一岗位中评委打分的最高值和最低值，如果评委人数较多，可以去掉两端各2个极值。

第二步：修订离散分数。去掉极值后，岗位评估得分的最大值减去最小值，大于评估要素权重的一半，说明分数比较离散，评估有失公允，需要对该岗位进行重新评估，由部门负责人再次说明岗位职责和任职资格，评委提问，加深理解后进行评分。

4. 计算平均分，制定新的评估标准阶段

人力资源部门需要对每个岗位的每个评估要素分数进行平均，并汇总该岗位所有评估要素的总分，得出该岗位的评估总分；然后对标杆岗位进行得分降序排列，以便清晰地看出各岗位的价值。

当所有评委都对标杆岗位的评估结果表示认可，标杆岗位的评估得分便成了剩余所有同类岗位评估的标准。

对剩余岗位进行评估时，应参照标杆岗位评估形成的新标准进行评分。由部门负责人将部门所有剩余岗位的岗位职责和任职资格进行说明，再由评委对所有职位有比较性地进行评分，以加强部门之间各岗位的公平性。评估全部结束后，参照之前的方式进行汇总、修订、降序排列即可。

5. 划分等级并公示阶段

划分等级时，如果使用的是咨询公司的评估模型，可以根据评估得分对应的等级直接进行划分；如果是企业自行定制的评估模型，需要岗位价值评估小组确定岗位价值的间隔，如91～100分（一级）、81～90分（二级）、71～80分（三级）……依此类推，对岗位进行等级划分。

等级划分完成后，人力资源部门需现场将分级情况展示给岗位价值评估小组，以示过程和结果的公平、公正。岗位价值评估小组有任何问题，须当场提出并讨论。

在实务操作中，因为每个企业的现状和操作难易程度不同，上述流程并非不可变更，企业可根据实际情况酌情采用。

岗位绩效工资

岗位绩效工资是根据员工在岗位上的绩效表现而确定的薪酬水平，是将员工的工资与其在工作中所展现的能力、贡献和成果相挂钩的一种薪酬制度。

岗位绩效工资由固定工资、绩效工资、奖金、津贴补贴等构成。其中固定工资和津贴补贴是固定收入，绩效工资和奖金是浮动收入，绩效工资又可以分为月度绩效工资、季度绩效工资、年度绩效工资和项目绩效工资。下面对这些分类逐一进行讨论。

1. 固定工资设计

根据岗位工作性质和岗位层级高低，固定工资一般占岗位绩效工资的30%～70%。具体设计比例通常依据以下三项原则确定。

（1）基本保障原则。无论什么岗位，基本工资数额不得低于当地最低工资标准，以保证员工的基本生活需要。如果因员工绩效考核结果导致员工月度实际收入（固定工资+绩效工资）低于当地最低工资标准，则须以最低工资标准计发。

（2）岗位与数额反比例原则。岗位层级越高，固定工资占比越小，绩效工资占比越大；反之，岗位层级越低，固定工资占比越大，绩效工资占比越小。

（3）业务岗位与职能岗位分设原则。业务岗位员工应实行高弹性薪酬政策，固定工资占比较小，绩效工资占比较大；职能岗位员工应实行低弹性薪酬政策，固定工资占比较大，绩效工资占比较小。

2. 月度（季度）绩效工资设计

对于企业核心业务岗位、中高级管理岗位、中高级专业技术岗位和其他层级较高的岗位，月度（季度）绩效工资一般占岗位绩效工资的20%~50%。对于层级较低的岗位，绩效工资一般占岗位绩效工资的10%~30%。

月度（季度）绩效工资的实际发放数额与个人及部门（团队）的绩效有关，因此分为以下两种情况。

（1）月度（季度）绩效工资只与个人绩效有关。这是最简单的考核与绩效工资挂钩的方法，计算公式如下：

月度（季度）绩效工资＝岗位工资×30%×个人月度绩效考核系数

个人月度（季度）绩效考核系数的计算方式有两种：①根据绩效考核分数计算，分为绝对分数法和相对分数法；②根据绩效考核等级计算，其中所涉及的个人绩效考核系数根据考核结果确定。

（2）月度（季度）绩效工资与部门（团队）绩效及个人绩效都有关。

员工的绩效工资除与本人绩效挂钩外，还与所在部门（团队）的绩效挂钩。这种月度（季度）绩效工资有三种计算方式：①根据部门（团队）绩效考核分数计算，分为绝对分数法和相对分数法；②根据部门（团队）绩效考核结果等级计算，分为与部门绩效考核结果等级直接挂钩和与部门绩效考核结果间接挂钩；③总额控制法，即绩效工资总额和部门/团队的考核结果挂钩。

3. 年度（项目）绩效工资设计

对于企业的中高层管理岗位以及业务岗位，年度（项目）绩效工资一般占岗位绩效工资的20%～50%。

年度（项目）绩效工资的实际发放额与个人及部门（团队）绩效有关，因此分为以下两种情况。

（1）年度（项目）绩效工资只与个人业绩有关，适用于企业高级管理岗位、高级业务岗位及业务部门负责人，有助于实现比较强的激励效果。例如，某投资公司高级业务经理年度绩效工资＝岗位工资×40%×12个月×年度绩效考核系数（绩效考核系数为0、0.4、0.6、0.8、1.0、1.5、2.0、2.5……）。

（2）年度（项目）绩效工资与企业、部门（团队）及个人业绩都有关，适用于需要团队合作的专业技术岗位或者职能部门中层岗位。某金融公司总部职能部门经理的年度绩效工资＝岗位工资×30%×12个月×公司年度绩效考核系数×个人年度绩效考核系数。

4. 奖金设计

奖金分为超额"量"的奖励和超额"质"的奖励。超额"量"的奖励采取在"量"的基数上提成的办法，提成奖金计算基数一般根据产量、销售额、成本节约、超额利润等确定，再乘一个提成比例，即奖金数额。超额"质"的奖励采取评比的办法，如在安全生产、产品质量、业务拓展、市场开发、服务质量、合理化建议、业务创新、管理创新等方面作出突出贡献者，可以得到相应的奖励。

奖金的实际发放额与生产环节、销售环节、成本中心及利润中心都有关系。生产环节根据产量或超额产量提取奖金，同时还有生产质量奖、安全生产奖等项目。销售环节根据合同额、销售额、销售利润等指标提取奖金，同时也考虑回款因素。成本中心是根据研发、质量、技术等职能部门（视作成本中心）的费用节约情况进行提成，费用节约提成奖金是广泛应用的激励机制。利润中心是根据实现利润的情况进行提成，需要考虑销售收入等因素，尤其是在市场增长率对企业战略的达成具有非常重要意义的情况下。

有些奖金可以直接分配到个人，有些奖金是计算出奖励团队的总额后先发放到团队，再发放到个人。前者不用赘述，后者在团队内部应如何分配呢？常用的奖金分配方法有以下两种。

（1）计分法：根据一定的规则对个人进行分数评定，然后再根据这个分数计算每个人的奖金数额。计算公式如下：

个人奖金数额 = 资金总额 × 个人评定分数 ÷ 团队个人评分总额

（2）系数法：根据岗位价值或贡献大小，确定分配权重，最后将总奖金分配到每个员工。计算公式如下：

个人奖金数额 = 总奖金额 ÷ $\sum$（岗位系数 × 岗位人数）× 个人岗位系数

如果考虑到个人绩效考核结果，则计算公式如下：

个人奖金总额＝总奖金额÷∑（岗位系数×绩效考核系数×岗位人数）×个人岗位系数×个人绩效考核系数

5. 津贴补贴设计

津贴补贴设计需要考虑三个方面的因素：一是与个人差别有关的因素，二是与个人工作生活差别有关的因素，三是与岗位差别有关的因素。

（1）个人因素津贴补贴。用于补偿员工个人的某些因素，如知识、技能、资格等，具体为职称津贴、资质津贴、工龄津贴等。

（2）个人工作生活因素津贴补贴。用于补偿员工的特殊劳动消耗或者额外生活支出，如高温津贴、高湿津贴、高空作业津贴、井下作业津贴、野外工作津贴、驻外津贴、加班补助、出差补助、误餐补助、交通补助、通信补助等。

（3）岗位因素津贴补贴。用于补偿由于不方便进行岗位工资调整而添加的津贴项目，如车辆使用津贴、保健性津贴、物价补贴等。

第四章　公平定薪与动态调薪

公平定薪是根据员工的职位、工作内容、经验、技能等因素，确立一个公平合理的薪资水平。企业通常在员工入职或晋升时，基于市场调研、薪资梯度、内部公平等因素进行公平定薪。公平定薪旨在确保员工在同等条件下获得相对公平的薪酬待遇。

动态调薪是根据员工的表现、工作贡献、市场竞争情况等因素，定期或不定期地进行薪资调整。动态调薪强调的是员工的绩效考核和市场价值，通过评估员工的工作表现，提供与其贡献相匹配的薪酬回报。动态调薪可以根据企业的业绩状况、员工的个人表现和市场的发展变化等因素进行调整，以激励员工的积极表现并保持竞争力。

公平定薪和动态调薪并不排斥，而是可以结合使用。公平定薪可以为员工提供一个基准薪资水平，动态调薪则是根据员工的表现和市场情况进行适时的薪资调整。在实践中，许多企业正在践行这两种方式，以确保薪资管理既公平又能激励员工的业绩，进而带动企业的发展壮大。

政策透明，程序公平

薪酬一直以来都是一个非常敏感的话题，企业内关于薪酬是"保密"还是"公开"，老板们的意见并不统一。现实情况已经很明显，倾向"保密"的老板比倾向"公开"的老板要多很多。不过仍有一些老板认为公开是保证公平的基础，因此在企业内部实行薪酬公开，结果一石激起千层浪，员工的心思都被公开的薪酬影响了，想办法钻营得到更多薪酬，而不是想要通过提升工作能力来提高薪酬。

为什么会这样？薪酬公开这种体现公平的做法难道错了吗？事实上，错的并不是公开薪酬，而是没有公开薪酬的土壤，即没有相关的薪酬政策保障薪酬公开后不会对员工带来负面影响。

看到这里，那些正在为是否公开薪酬而思考的老板和已经公开薪酬的老板，态度可能就要来一个一百八十度的大转弯了——将薪酬保密，且比之前更为保密。但这就能解决问题吗？这不等于又重新回到了之前的问题上——薪酬保密和薪酬公开到底哪种方式更有利于企业发展？如果只是讨论薪酬的保密和公开，那么这个问题永远也得不到正确答案，因为没有从根本上进行考量，所谓的"树根不动，树梢白摇"就是这个道理。

那么，薪酬保密 vs 薪酬公开的"树根"是什么呢？答案就是上面说过的"公开薪酬的土壤"，即企业想要公开薪酬，就一定要有可以让公开薪酬能够顺利扎根生存的环境。同理，企业想要保密薪酬，也一定要有可以让保密薪酬能够顺利扎根生存的环境。

在现实中，二者相比之下，显然一定是"公开薪酬的土壤"更加受重视，毕竟很多企业的实际情况是，只要公开薪酬，就可能面临运转不灵的危险。

至于"保密薪酬的土壤"就不那么被重视了。原因在于，除了大多数企业都在实行薪酬保密制度外，少数实行薪酬公开制度的企业也不是绝对的公开，只是在某些可以公开的方面公开了，在不能公开的方面坚决不公开。关键是，这些企业这样做之后，其生产、经营等各方面都很顺利、正常，当然就不会再额外下功夫创建"保密薪酬的土壤"了。但是，这些企业不知道的是，它们公开薪酬后的"和谐"局面，只是因为获得了"大家都这样"的整体加持，并不代表就是对的，更不代表不会产生危机。现实中很多企业虽然薪酬保密，但还是常有员工因为薪酬不公、薪酬偏低、薪酬该涨不涨而向企业发难，所以即便是保密的情况下，员工还是大体知道自己在企业内的薪酬层级，以及自己应该获得的薪酬待遇和实际薪酬之间的差距。由此可知，如果企业只是一味地保密薪酬，却不培养保密薪酬的环境，保密工作做得再好也无法阻止由此引发的危机。

对于薪酬是"保密"还是"公开"的问题上，我们的观点是公开与保密结合，即薪酬政策公开，薪酬体系公开，但薪酬实付保密。

所谓的薪酬政策公开和薪酬体系公开，是指适用于某个群体的统一的、具体的定薪规则、调薪规则、激励方案和相关程序要尽可能清晰透明。薪酬实付保密是指具体的个人薪酬收入数额要尽可能对无关人员保密，以减少因攀比而引发的心理失衡。

哪些属于政策公开的范围呢？建议包括但不限于各类人员薪酬结构及部分刚性统一的薪资标准，各种专项激励方案的启动条件及计算规则，考勤记录与各种休假工资扣除标准，销售提成或计件工资核算标准，绩效考核指标及考核结果，福利项目及具体标准，薪酬调整规则。

发放薪酬不仅是用于保障员工的生活，还是对员工的一种激励行为。公平性是激励性的前提，如果员工对公平性存疑，那么激励性就无从谈起。建立在薪酬政策上的公平性分为两个部分，一部分是程序公平，企业与员工之间在薪酬管理上建立起公平、公正、公开的程序，在方案设计和执行过程中确保公平；另一部分是分配公平，是相对于员工的付出而进行的分配。

在程序公平和分配公平的博弈中，很多老板只关注分配公平，这是本末倒置的，因为只有做到了程序公平，才能获得分配公平。

薪酬政策必须能够充分体现企业在用人方面的选择标准和导向，能够直接引导和激励员工行为，因此必须确保政策透明和程序平等。关于此，建议遵守以下几点。

（1）让员工适当参与到薪酬政策和激励方案的制订过程中，如岗位价值评估环节、外部薪酬调研环节、激励方案思路讨论环节等。

（2）薪酬方案一旦确定，就要尽可能大范围和细致地组织宣传贯彻与讲解，对于个别复杂之处，应多以案例和模拟测算方式进行解释。

（3）薪酬方案应尽可能简单、清晰、可读性强，在企业内部系统公布，以供员工随时查阅和提出建议。

（4）薪酬方案在实施过程中，涉及工资、奖金核算规则和调薪规则等内容的修改，应进行充分考量和讨论后确定，并及时公布修改结果。

（5）薪酬方案中涉及个人调薪或结构、金额变化的，必须组织一对一反馈，合理沟通，让员工都能充分理解与接受，以充分发挥薪酬的激励和引导作用。

确定薪级与薪档

薪级和薪档是用来确定员工工资和薪酬水平的概念。在一些企业中，薪级和薪档通常被用作一个结构化的系统，以便确定员工的薪资范围和晋升路径。

薪级是一个用来分类和区分员工职位级别的概念。薪级根据工作的复杂性、技能要求和责任程度等因素划分。一个企业可能会设定多个薪级，比如 1～10 级或 A～G 级等。一般来说，随着薪级的提高，员工的工资水平也会相应增加。

薪档是在薪级内部的一个范围，用于确定员工在该薪级内可以获得的工资范围。薪档通常由一个最低工资和一个最高工资组成，表示员工可以在该范围内获得不同级别的薪资。

薪级和薪档的设定可以根据企业的实际需求和薪酬政策进行调整，员工的薪资水平则是根据其所在的薪级和薪档确定。晋升、工作表现和工作经验等因素可能会导致员工在薪级和薪档中获得提升。

需要注意的是，薪级和薪档的具体定义和用法因企业不同而异，不同企业会有不同的薪酬管理系统。这些概念的具体细节应当参考所在企业的薪酬政策和相关规定。

由以上阐述可知，薪级与薪档是结合使用的，会一起出现在企业的

《薪级薪档表》中。某公司的薪级薪档表见表4-1。《薪级薪档表》要解决两个问题：①薪酬分多少层级（薪级）；②层级之间的关系如何（薪酬差异策略是采用高差距策略、平均化策略，还是适度差别策略）。

《薪级薪档表》的应用原理：将薪酬水平划分为不同级别，每个级别分不同档位。通过《薪级薪档表》，老板可以快速定位某个岗位、某个员工的薪酬水平。《薪级薪档表》的设计也考虑到了员工在岗位不发生变动的情况下的薪酬发展，具有兼顾性和延伸性。

表4-1 薪级薪档表

薪级			薪档						
级别	级差	带宽	一档	二档	三档	四档	五档	六档	七档
9	7%	20%	2540	2690	2850	3010	3170	3330	3490
8	7%	20%	2370	2520	2660	2810	2960	3110	3260
7	7%	20%	2220	2350	2490	2630	2770	2910	3050
6	7%	20%	2070	2200	2330	2460	2590	2720	2850
5	7%	20%	1940	2060	2180	2300	2420	2540	2660
4	7%	20%	1810	1920	2030	2150	2260	2370	2490
3	7%	20%	1690	1790	1900	2000	2110	2220	2320
2	7%	20%	1580	1670	1770	1870	1970	2070	2170
1	0	20%	1470	1560	1660	1750	1840	1930	2020

注：

1."薪级"体现岗位的价值差异。

2."薪档"体现同岗位的任职者的岗位任职经验、工作能力等方面的差异。

在了解了《薪级薪档表》的重要作用后，接下来就是如何制作和运用。制作一份完整的《薪级薪档表》的方法有很多种，本节介绍一种较为常用的方法——系数转化法，具体步骤如下。

第1步，确定《薪酬系数表》

如果前期已经完成岗位价值评估，并形成了《岗位系数表》，那么就可以直接应用《岗位系数表》作为《薪酬系数表》。如果没有《岗位系数表》，则可以根据档差、重合档形成《薪酬系数表》。

档差为每一级薪酬的相邻两档间的差异，同一级的档差相同。除1级一档事先设定外，其余级别的一档来自下一级的二档，比如2级一档等于1级二档，3级一档等于2级二档，即重合档。某公司的薪酬系数表见表4-2。

表4-2 薪酬系数表

薪级			各级档位薪档系数				
级别	级差	档差	一档	二档	三档	四档	五档
10	25%	1.00	5.37	6.37	7.37	8.37	9.37
9	25%	0.85	4.52	5.37	6.22	7.07	7.92
8	25%	0.70	3.82	4.52	5.22	5.92	6.62
7	25%	0.55	3.27	3.82	4.37	4.92	5.47
6	25%	0.45	2.82	3.27	3.72	4.17	4.62
5	20%	0.35	2.47	2.82	3.17	3.52	3.87
4	20%	0.30	2.17	2.47	2.77	3.07	3.37
3	20%	0.25	1.92	2.17	2.42	2.67	2.92
2	20%	0.22	1.70	1.92	2.14	2.36	2.58
1	0	0.20	1.50	1.70	1.90	2.10	2.30

一般来说，薪酬级别越高，级差越大，档差越大。选择高差距策略的企业，可以将级差、档差设计得大一些，拉开员工间的薪酬差距；选择平均化薪酬策略的企业，可以将级差、档差设计得小一些，让员工间的薪酬差距不那么明显。

第 2 步：确定薪酬基数，形成《薪级薪档表》

在形成《薪酬系数表》后，直接用薪酬系数分别乘薪酬基数，操作非常简单。在实务操作中，需要结合企业最低、最高工资水平和当地最低工资水平来确定薪酬基数。比如，某地区最低工资为 1710 元，参考这个数据，可以将 1 级一档设定为 1710 元（系数 1.71，薪酬基数 1000 元）。

当经济形势良好，地区的最低工资水平和整体薪酬水平普遍增长时，企业会面临薪酬普调。在进行具体的薪酬调整时，如果企业给每名员工统一增加一个确定的金额，这样的做法看似公平，实则没有考虑岗位差异和贡献价值，其实是不合理的。正确的做法应该是，企业根据《薪酬系数表》调整薪酬基数，得到新的《薪级薪档表》，让薪酬符合岗位价值。

此外，企业还可以通过直接调整《薪级薪档表》的方式实现薪酬普调。例如，直接将《薪级薪档表》中的数据乘一个薪酬系数（如 1.08，即统一提升 8%），其他均不需要变动，即可完成薪酬普调。

由于各岗位序列的薪酬结构不同，薪酬体系设计详细的企业会设计不同岗位序列的《薪级薪档表》，来合并应用于整个薪酬体系。

动态调薪场景

一套制度出来之后，还需要不断完善、修订，但在设计方案时，总免不了一种倾向，即要求方案尽可能覆盖未来的变数，尽可能不需要在未来进行补充、完善。我们知道，这种想法是不切实际的，怎么可能有一以贯之的制度呢？

虽然这种想法不切实际，但体现在制度设计中的这种奢望仍然随处可见，薪酬体系设计也是如此。比如，当薪酬体系设计完成后，企业就不愿意再动它了，甚至会想要反过来通过改变人的行为来适应这一固化的薪酬体系。对于有这样想法的企业或老板，我们的忠告是：务必改正，哪怕这个制度当下看起来非常完美。要知道，任何制度，即使最初设计得再完美，也不能完全覆盖未来的变数。因此，变动才是一切的常态。

对于薪酬体系而言，虽然薪酬政策本身是静态化的，但薪酬却是在不断变化的，因而薪酬政策也必须进行动态调整，以适应时代的发展，保持企业的竞争力和对人才的吸引力。

动态调薪就是根据员工的表现、市场行情、职业发展等因素，在人员任职期间对其进行薪资的调整。以下是几种可能出现动态调薪的场景。

1. 年度绩效评估的薪资调整

很多企业每年会进行一次或定期进行绩效评估，评估的内容主要包括员工的表现及其工作成果。基于绩效评估结果，企业可以决定是否对员工的薪资进行调整，如给表现优秀的员工加薪，以奖励其在工作上作出的贡献。

2. 市场竞争和行业薪资调整

如果某个行业或市场的薪资水平发生变化，企业可能会考虑调整员工的薪资以保持竞争力。例如，20世纪90年代国内的蓝领技术工人普遍薪资低、工作苦，且工作环境差，从事这一工种的人越来越少，导致十几年后行业内企业这方面的人工成本急速提升，即使如此一些企业仍面临技术工人缺乏的问题，需要进一步提升薪资水平才能吸引和留住人才。

3. 职位晋升或跳槽的薪资调整

当员工晋升到一个更高级别的职位或者离开本企业去另一家企业时，通常会伴随着薪资的调整。员工如果是晋升到更高级别的职位，那么可以获得更高的薪资水平；而跳槽到其他企业，可能会通过薪资的重新谈判拥有更好的待遇。

4. 企业业绩和经济状况的薪资调整

如果企业业绩良好，经济状况稳定，那么企业可能会考虑提高员工的薪资水平。相反，如果企业面临经济困难或不景气的行业环境，则可能会限制员工薪资调整的幅度。

需要注意的是，动态调薪并非每家企业都会实施，具体情况取决于企业的薪酬政策和实施情况。动态调薪需要综合考虑多个因素，包括员工表现、市场情况、经济状况和组织发展战略等。

基于绩效考核结果和CR值的年度调薪

薪酬调整可分为整体性、集体性和个别性薪酬调整。其中，整体性薪酬调整是企业内部大规模员工（可能是全部员工）的薪酬调整，集体性薪酬调整是企业内部部分员工（业绩好的部分）的薪酬调整，个别性薪酬调整是企业针对极少数（甚至是单个）员工的薪酬调整。

因为个别性薪酬调整有其独特性，不具有薪酬调整的普遍性和代表性，在此不做赘述，企业以可根据实际情况和员工的能力、素质等因素决定调薪幅度，但仍以不超限为宜，即不超过整体薪酬标准。企业薪酬标准的最大忌讳之一，就是个别员工的薪酬超限，尤其是能力与收入不相符的情况，这往往是老板个人好恶的结果，会给企业经营带来极大的负面影响，必须引以为戒。

这里我们要重点讨论的是企业的整体性薪酬调整和集体性薪酬调整，为了阐述得更加明确，在此合二为一，将集体性薪酬调整纳入整体性薪酬调整中，讨论企业内部大规模员工的薪酬调整。这种薪酬调整涉及员工数量多、层级范围广，属于"阳光普照"性质的调整。一般以一年一次为宜，不能过于频繁，也不能长期不调整，过频或过疏都会影响员工的工作积极性。这种薪酬调整的方式主要有两种。

1. 基于绩效考核结果的年度调整

为了更好地激励员工，企业将绩效考核结果不仅应用于当期绩效薪酬的兑现，还将其应用于员工年度整体薪酬的调整，根据员工绩效情况决定是否调薪及调薪的幅度。

某公司规定，绩效考核结果与当期绩效奖金挂钩，但绩效好的员工和绩效差的员工也同时与年度调薪挂钩，前者调档涨薪，后者调档降薪（见表4-3）。

表4-3　某公司绩效考核结果与年度调薪

两年年度绩效评价等级	调薪规则	备注
连续两年绩效考核优秀	上调两档	具体调整由直接上级和人力资源部门共同讨论决定
连续两年绩效考核良好	上调一档	
连续两年绩效考核合格	不变	
连续两年绩效考核不合格	下调一档	
连续两年绩效考核差	下调两档并调岗或解除合同	

其中，调薪规则可以自行调整。例如，绩效考核优秀的，可以一年跳档涨薪一次；绩效考核差的，可以一年跳档降薪或解除合同。

2. 基于绩效考核结果和 CR 值的年度调整

单纯根据绩效考核结果进行薪酬普调，必然会存在不合理的地方，有可能导致内部不公平现象的发生，严重的还会破坏薪酬体系，影响企业正常的生产经营。因此，建议企业引入 CR 值，加上上述的绩效考核结果两个维度，来共同约束薪酬普调。

CR 值是薪酬的相对比率，在宽带薪酬体系中，是指某薪酬数字在其对应薪级宽带范围内的相对位置。计算公式如下：

CR=（当前薪资 – 最小值）÷（最大值 – 最小值）

举例说明：某员工薪级为 10 级，该级别的月薪范围为 8000 ～ 12000 元，该员工的薪酬是 11000 元，则其薪酬 CR 值为 75%[（11000 元 –8000 元）÷（12000 元 –8000 元）]。

引入 CR 值是为了解决"同层级绩效表现一样的员工，其涨薪的幅度是否应该一致"的问题。例如，现有员工张三和李四，两人入职薪资分别是 6500 元和 7000 元，每年绩效表现都属于优秀，因此企业决定给他俩涨薪。但应如何调整呢？如果采用同比增长，张三的薪酬不仅永远赶不上李四的，差距还会越拉越大。如果采用同数值增长，张三的薪酬还是永远赶不上李四的，总是差 500 元。当两个人的绩效差不多，且都不升职的情况下，越往后两人的薪酬应该越趋向基本相等，因此在原薪酬有差距的情况下必须引入 CR 值，原则是 CR 值越高，其涨薪比例相对越小，如此才能逐渐拉平薪酬。

某公司共有一线员工33名，本年度一线员工的月薪酬总额为114300元，涨薪幅度预算限制在一线员工总薪酬的10%以内。其中，3名员工绩效等级为2级（1～5级中的倒数第二级），薪资共计9000元；15名员工绩效等级为3级，薪资共计49500元；9名员工绩效等级为4级，薪资共计32400元；6名员工绩效等级为5级，薪资共计23400元。

薪酬普调的关键是将人员分类，然后赋予他们不同的涨薪比例。绩效等级是针对员工的一种分类方式，而CR值则是针对薪酬的一种分类方式，结合这两种方式，能获得更为细致的分类，虽然操作上麻烦了一些，但结果更为公平合理。

该公司引入的CR值分别是"<0.33""0.34～0.66"">0.67"（见表4-4），大概是三等分分类，也可以进行四等分、五等分分类，具体视企业实际情况而定，但一般分为3～5个类别即可。

表4-4　某公司依据CR值与绩效等级确定调薪比例

绩效表现	薪酬份额B	<0.33 薪酬份额C1	权重系数	0.34～0.66 薪酬份额C2	权重系数	>0.67 薪酬份额C3	权重系数
5级	20.5%	35%	2.5	45%	2	20%	1.5
4级	28.3%	30%	2	45%	1.5	25%	1
3级	43.3%	40%	1.6	50%	1.2	10%	0.8
2级	7.9%	35%	1.2	55%	0.9	10%	0.6
1级	0						

注：

1.薪酬份额B是各一线员工绩效等级与一线员工总薪酬之比，5级为23400元除以114300元，4级为32400元除以114300元，3级为49500元除以114300元，2级为

9000元除以114300元。

2.每一级的薪酬份额C1、C2、C3之和是100%，根据实际情况设置，以"纺锤形"为宜，即中间段最多。

3.权重系数设置的基本原则是，绩效等级越高则权重越高，CR值越高则权重越低。

在表4-4中，以第一行为例：20.5%是绩效等级为5级的员工，其薪酬总额占全部一线员工薪酬总额的20.5%；35%是绩效等级为5级的员工中CR值在下三分之一段的员工，其薪酬总额占绩效等级为5级的员工薪资总额的35%；2.5是绩效等级为5级，且CR值在下三分之一段员工的薪酬权重系数；45%是绩效等级为5级的员工中CR值在中三分之一段的员工，其薪酬总额占绩效等级为5级的员工薪资总额的45%；2是绩效等级为5级，且CR值在中三分之一段员工的薪酬权重系数；20%是绩效等级为5级的员工中CR值在上三分之一段的员工，其薪酬总额占绩效等级为5级的员工薪资总额的20%；1.5是绩效等级为5级，且CR值在上三分之一段员工的薪酬权重系数。

岗位调整导致的调薪

岗位调整或等级变动可能导致调薪的情况很常见。当一个员工的岗位发生调整，通常会涉及工作职责、工作内容、技能要求、职级等方面的变化。为了让员工能获得公平合理的薪资待遇，以保证企业的生产经营和竞争实力，有必要对因岗位调整而导致调薪的情况做深入阐述。

1. 情形 1——晋升调整

如果员工通过岗位调整获得晋升，通常会伴随着一定的薪资调整。晋升意味着员工在组织中将承担更高级别的责任和面临更大的挑战，因此薪资待遇也相应提高。

具体薪酬调整可分为以下三种情况。

（1）按最低薪酬调整。员工原始薪酬低于新岗位/新职级的最低薪酬，可以调整至与最低薪酬持平或者略高于最低薪酬，但不宜一次性上涨过多，要留出未来继续上调的空间。

（2）按照中点值差异率调整。员工原始薪酬高于新岗位/新职级最低薪酬，可以参照中点值差异率幅度涨薪。但需注意，晋升后的员工人岗匹配度会在一定时间内呈下降趋势，所以不可以完全按中点值差异率来涨薪，要适当降低幅度。

（3）重新定薪定档。将员工视为新晋员工，用新岗位的任职资格重新定档，但一般薪酬会有一定的涨幅。

2. 情形 2——平级调整

员工通过岗位调整，虽然未获得晋升，但职级上调、职责增加或技能提升，也会伴随一定的薪资调整。

具体薪酬调整可分为以下三种情况。

（1）同序列岗位的职级上调。员工职级上调意味着员工的能力得到了更大的认可，通常也会伴随薪资的调整，因为不同的职级通常对应不同的薪资水平。

（2）同序列岗位的职责增加。员工的职责增加，意味着员工需要处理更多的工作任务、管理更多的资源或承担更高级别的决策责任，因此理应获得更高的薪资收入。

（3）跨序列岗位的技能提升。跨部门或跨专业能力的岗位调整，往往要求员工必须具备新的技能和专业知识。如果员工通过培训或学习获得了新的技能，并将其应用到新的岗位中，那么企业就应提高他们的薪资水平。

3. 情形3——降职调整

这种情况就比较让人不易接受了，但在企业经营中又是切实存在的，任何企业都不能只升不降，那样会让激励政策变得毫无意义。

当员工的能力、责任心、职业态度等不能适应所在岗位的工作需要时，就要对其进行降职，同时伴随的还有降薪。当然，降职的目的不是降薪，降薪只是辅助降职的一种方式，目的是让员工明白自己的不足，鞭策员工尽快改进。

不过，实际上很多企业在降职调整这一块都只做了一半，就是降职，并没有降薪，或者是因为不忍心，或者是觉得没必要，但导致的结果都是降职处罚的效果极差。因为能够触动一个人内心的，往往是切身利益的损失，只降职不降薪等于没有触碰到被处罚对象的根本利益，自然起不到效果。

由此可见，降职和降薪必须同时执行，但在实施之前要与被处罚对象进行沟通，让其了解自己为什么会受到处罚，以及日后如何改进和改进到什么程度可以重新涨薪。如果被处罚对象不接受降职降薪，而其行为又必须降职降薪，那么，此时就可以考虑将其直接辞退，毕竟道不同不相为谋。

最后需强调一点，岗位调整并不一定意味着薪资调整。薪资调整是由企业决定的，取决于多种因素，包括企业的战略、预算、利润以及员工的绩效表现等。因此，员工在岗位调整后是否获得薪资调整，以及调整的幅度如何，要视企业的具体情况而定，不能一概而论。

中篇 绩效篇

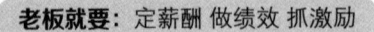

第五章　企业实行绩效管理的深层目的

绩效考核是现代企业人力资源管理系统中的重要组成部分。通过实施绩效考核，可以不断优化企业的管理流程和业务流程。通过借助绩效考核过程，可以加强企业内部的部门间沟通、上下级间沟通、管理层间沟通和员工间沟通；可以建立良性反馈机制，形成高效率的工作氛围；可以进行深度的、规范化的、融合性的企业整体运营的建设与改善。通过对绩效考核结果的运用，可以帮助员工改善工作行为，促进员工自身发展，强化员工的责任意识和目标导向，加快实现科学化人力资源管理的建成；可以设立绩效奖惩标准来激励员工，以进一步优化薪资结构和福利体系。

不同的行业领域、不同的企业规模、不同的发展阶段，所构建的绩效管理体系和所选择的绩效考核方式都不一样，企业在具体实施时，应根据实际情况制定最适合的绩效管理制度。

实行绩效管理，完成企业目标

绩效管理是识别、衡量、发展个人和团队的绩效，并使其与企业的战略目标相一致的连续过程。绩效管理应在员工绩效与企业绩效之间建立直接的联系，企业必须确保员工的行为符合企业的目标。

不要简单地将绩效管理当成控制员工的工具，绩效管理的最大作用是激励员工和凝聚员工，因此，可以将其看作连接员工行为与企业目标的桥梁。企业高层负责企业发展方向的把控，通过对企业发展现状的考察和对发展前景的展望，提出企业发展的宏观目标，即企业绩效目标。企业绩效目标通过层层分解，具体到各个部门和具体的工作岗位，让每名员工都能明确地知道自己的工作内容及努力方向。

绩效管理就是让每一名员工都能规范、有计划地投入工作当中，员工对企业的贡献清晰可考核。下面是一些关于如何实施绩效管理，并完成企业目标的常见步骤和建议。

1. 明确企业目标

确保企业的目标具体、明确，并与企业的使命、愿景和价值观相一致。企业目标应可衡量、可达到，并与员工的个人目标相关连。

2. 制定关键绩效指标

确定用于衡量目标实现程度的关键绩效指标，它们应该与企业的目标和战略相一致，能够量化企业目标的进展，并被员工理解和接受。

3.建立绩效评估系统

建立公正、透明的企业整体绩效评估系统，以便评估员工的绩效。这个系统必须基于明确的绩效标准，并确保评估过程的公正性。

4.设计绩效评估方法

确定适合企业的公平、透明的绩效评估方法，包括但不限于定期绩效评估会议、360度反馈、目标达成情况考核等。

5.提供反馈和指导

及时向员工提供关于他们绩效的具体反馈，帮助员工了解自身绩效状况，并提供改进建议。

6.打造激励制度

认可表现优秀的高绩效员工，给予他们与激励制度相适应的奖励，鼓励他们持续努力地追求更高的目标，提高他们的工作积极性和投入度。

7.完善协作机制

建立积极的沟通和协作机制，确保团队成员之间的合作，共同努力实现企业目标。

8.定期评估和调整

定期评估绩效管理系统的有效性，并根据需要进行调整和改进。确保绩效管理系统适应变化的环境和需求，帮助企业保持竞争优势。

绩效管理是一个持续不断的过程，需要全员参与和持续改进。通过合理地设置目标、明确指标、及时反馈、适当奖励和协作共进，提高员工的工作绩效和工作效率，进而促进企业目标的实现。

企业的发展愿景像灯塔一样指引着员工的发展方向，促使员工因目标而行动，因目标而自信。通过绩效管理，让员工认识到自己的工作与企业的发展目标休戚相关，有助于员工深度明确工作的意义和价值，产生成就感和使命感，从而促进企业的发展。

通过绩效考核，促进管理流程和业务流程的优化

绩效考核不是单一动作，而是连续作用，是设定目标和任务→观察绩效→不断地给予、接受指导和反馈的永不停止的过程，这个过程也将永不停止地促进企业管理流程和业务流程的优化。

在绩效考核过程中，企业各级管理者都应从企业整体利益和工作效率出发，尽量提高业务处理效率，进而促进组织运行效率的提高。绩效考核能帮助企业发现管理流程和业务流程中存在的问题，对企业管理提出更高的要求，在提升企业运行效率的同时，逐步优化企业的管理流程和业务流程。

绩效考核通常是将企业的战略目标进行分解，转化为各部门与各岗位的可测量的绩效指标。但是，考核过程中应如何保证各部门之间、各岗位之间的绩效指标能够起到相互促进、相互协调的作用呢？

要将上述问题完美解答，必须以三个基本要求为原则，搭建起完善的、可持续改进的绩效考核体系（见图5-1）。

企业绩效考核能够达到企业管理的目的，甚至能够直接为企业战略提供支持与帮助	企业各部门间的绩效考核具有相关性，能够起到相互促进、相互监督的作用	绩效考核的基本规则具有普遍适用性与公平性，企业员工能够接受并愿意按照要求去完成工作

图5-1 绩效考核体系三原则

做好企业各部门、各岗位之间的流程梳理和优化，是保证绩效考核发挥作用的必要环节，这也是通过绩效考核促进管理流程和业务流程优化的具体体现。

在企业的组织结构中，各级部门需要承担与其自身权责利相符的工作内容。如果仅从部门的角度去看，某些工作内容是各自独立的，但从公司整体的角度去看，很多工作的内容又都是相互联系的。在具体工作中，所有岗位的员工都必须注意这种既相关又不相关的工作，才能确保企业的整体工作进度顺畅。如果仅靠人的自觉性和责任心，很难达到要求，这时就必须通过绩效考核的方式，用统一的目标来规范员工的行为。因为有绩效成绩，员工将不能再只考虑自己的工作内容，还要考虑所关联的上下游的工作内容，这样才能达到优化业务流程，进而优化管理流程的目的。

如果对以上阐述内容的理解不是很清晰，那么可以借助具体的工作实践深入理解。例如下面的工作场景。

某公司在生产施工阶段，设计部的一张设计图纸需要变更，通知生产部暂停现阶段生产，将已经装配的错误零件拆卸下来，等待新零件到位后再重新生产。物流部紧急与采购部协商，让材料抓紧到位，但上游加工厂需要一定的时间才能加工完并发货，这样造成了公司生产的暂时停工。

该工作场景如果仅从设计部人员的角度看，只是修改一张图纸，属于正常的工作范围，对其薪资等不会产生影响。但从生产部人员的角度看，停工将造成未来多天产量为零，意味着他们的绩效考核也将为零，因而导致他们怨声载道。

单独看设计变更与生产停工，两者是没有因果关系的，但通过梳理工作流程，我们就能看到它们之间存在着紧密的联系。正是因为设计人员随意修改图纸，才导致后面生产停工，不仅如此，后面的工序也会相应受到影响，最终影响企业经营。在实施了绩效考核后，这种情况得到了很大的改善。首先，在绩效考核机制下，设计人员的薪资与生产相关联，有力地约束了他们工作的随意性；其次，生产工人薪资的核算不再仅依据生产产量，而是会将其他部门如设计部等对生产造成的影响考虑进去。如此，便真正达到了优化业务流程和管理流程的目的。

企业管理涉及对人和对事的管理，对人的管理主要是激励和约束的作用，对事的管理就是对流程进行管控。一个流程如何运作，涉及因何而做、由谁来做、如何去做、完成后传递给谁等问题，各个环节的不同安排都会对结果产生很大的影响，从而影响整体效率。因此，企业的各级管理者都应从企业利益以及工作效率出发，结合绩效考核内容，尽量优化流程环节，并使各环节紧密配合，以提升业务效率和企业效益。

借助考核过程，建立良好的反馈机制

绩效管理是现代企业广泛运用的一种以开发人的潜能为中心的科学管理模式。但开发人的潜能不能是机械性的，毕竟人是思维性动物，因此需要在理性的考核过程中加入感性的沟通和反馈。在企业中，员工不仅可以通过考核分数和等级判断出自己的优势和不足，以及应该努力的方向，还可以通过与考核者和上级领导进行工作沟通或绩效反馈，来了解自己工作中更加细微的不足之处，让改进不留死角，促进自身综合能力的提升。

由此可见，建立绩效考核体系的反馈机制，是确保员工得到准确、及时、有效反馈的关键环节。下面是一些建立绩效反馈机制的指导原则。

1. 设定明确的目标和期望

在正式开始绩效考核之前，与员工就工作目标、工作期望和考核指标的信息进行沟通，帮助员工理解绩效考核评估的依据。

2. 提供定期反馈

绩效考核是持续的过程，因此需要定期与员工进行绩效反馈，时间频率以企业实际情况而定，如一周一次、一周两次、每月一次、每月两次等，目的是帮助员工及时了解自己的工作状况，及时调整不符合标准的行为。

3. 准备反馈材料

在与员工进行沟通和反馈时必须有的放矢，且向员工提出的建议必须是正确的，才能让他们心服口服。与员工进行沟通和反馈的具体内容包括员工个人职责描述、上一绩效期间的绩效评估结果、本绩效期间的绩效评估结果等。

4. 多元化反馈

反馈不能是单一和片面的，而是应采用多种反馈方法叠加的方式，如面对面会议反馈、书面报告反馈、电子邮件反馈等，来确保反馈的多元化，达到全面、多角度地评估员工绩效的目的。

5. 重点强调积极反馈

在反馈过程中，除了给员工指出需要改进的方面，也要重点强调员工的优点和成绩。积极的反馈可以鼓励员工继续保持良好的表现，并增强工作的信心和动力。

6. 鼓励双向沟通

反馈过程应该是双向的，考核者向员工提供及时且必要的反馈，员工也应该积极地向考核者或上级领导提出自己的观点、问题和建议。这样既可以促进员工的参与感和积极性，也有利于考核者和员工之间的双向认可，减少分歧，为接下来的工作改进创造机会。

7. 制订个人发展计划

基于绩效考核的结果，企业与员工一起制订有针对性的个人发展计划，包括确定培训需求、设定新的目标和提供发展机会，来帮助员工进一步提升技术和能力。

绩效考核反馈必须提前通知员工，让其有一定的准备时间。如果反馈的内容是不紧急的一般性问题，那么可以安排在某一阶段的绩效考核结束后的一周之内，如果时间拖得太长将失去时效性。如果反馈的内容很紧急，员工必须立即改正，则应在第一时间安排反馈，避免让错误扩大。

总之，绩效考核反馈总体上分为正面反馈和负面反馈两大类。正面反馈是对员工工作能力和价值贡献的肯定，鼓励员工再接再厉。负面反馈是围绕寻找导致考核欠佳的原因和怎样提升绩效展开的，因此不能全盘否定。

整合考核过程，改善企业整体运营

绩效管理是将企业的战略、资源、业务、行为有机结合的完整的循环管理系统。企业管理层通过实施绩效管理，可以明确企业的整体运营状况，及时了解战略实施过程中存在的问题，并通过绩效结果的运用，及时更正发展计划，从而保证战略的实现。

绩效考核不仅是人力资源部门考核员工的手段，更是反映企业问题的绝佳机制。发现并及时解决企业中存在的问题，能给企业的发展带来积极的影响。

那么，绩效考核过程能够发现并改善企业哪些方面的问题呢？最重要的是两个方面，一是关键梳理工作流程，二是将流程绩效落实到绩效考核中。

1. 梳理关键工作流程

工作流程存在于企业日常管理活动之中，有的工作流程已经进行了明文规定，有的工作流程还未上升到整体管理的高度，有的工作流程甚至还没有被管理者意识到。因此，企业在进行工作流程的梳理时，先要识别和描述企业现有的流程。如果是小微企业，这一点很容易做到，毕竟企业规模小，人员少，工作流程也少，花费一些时间就能全部梳理出来。但是，如果是发展到一定规模的企业，员工数量相对较多，各类工作流程也很多，这种情况下每位员工的工作流程都要梳理的话，是不现实的，既不可能，也没必要。正确的做法是，找到其中的关键流程，甚至是关键流程的关键环节，实现对工作流程的重点梳理即可。

进行流程梳理的目的是要保证各部门间的绩效管理能够产生互相促进、互相监督的作用，并对企业整体绩效产生影响，这就明确了进行流程梳理的方向。

2. 将流程绩效落实到绩效考核中

当明确了绩效考核工作流程的梳理方法后，要针对绩效考核的目标进行后续工作，一般来讲流程绩效都是要落实到岗位绩效考核中的，并非一套独立的指标体系。

具体应该如何落实呢？掌握好一个关键点，后续活动的开展便会清晰明了。这个关键点就是通过对员工与部门的绩效考核指标进行补充，来达到企业绩效整体的优化完善，即通过找到各部门、各岗位在整体重点流程中的位置，找到因某具体岗位的工作问题而影响到的其他岗位和部门的绩效结果，以这种关联关系来设定相关绩效考核指标，引导具体岗位人员正确履行工作职责，减少对其他部门、其他岗位的负面影响，从而提升个人、部门和企业的绩效。

如果某个岗位的工作内容变更明显造成了其他部门和其他岗位工作的阻滞，影响了其他部门和其他岗位的绩效，那么就要对该岗位的工作内容变更的绩效考核指标进行补充设计，将该岗位的工作内容与其他部门和其他岗位的工作内容的相关绩效联系起来，同时对企业整体的业务流程进行评价和把控，起到改善企业整体运营的目的。

依据考核结果，科学实施人力资源管理

企业要发挥人力资源管理对实现企业发展战略目标的支持作用，就必须在人力资源管理中建立起规范的、与本企业发展实际相适应的绩效管理体系，并有效地实施。

对个人而言，绩效考核结果可以作为员工培训发展、职业规划的参考依据。持续的绩效管理，可以使企业管理层更加直观地了解员工长期的绩效表现，有针对性地开展培训计划，提高员工的绩效能力。

在企业的职位变动中，绩效考核可以作为选拔、轮岗、晋升的参考依据。因此，在绩效考核过程中，企业不能只关注员工的绩效考核结果，还要对员工的绩效考核过程进行跟踪，以便全面了解员工在绩效考核过程中的表现，准确评估员工的职业发展趋势。

上述是绩效考核结果对员工个人的作用，是员工职业发展的重要参考标准，因此可以将绩效考核放在员工职业生涯发展的引导位置。但是，绩效考核结果影响的绝不只是员工，还有企业，尤其会对企业的人力资源管理产生重要的影响。

人力资源管理是站在如何激励人、开发人的角度，以提高人力资源利用效率为目的的管理决策和管理实践活动。人力资源管理包括组织结构与管理控制、绩效考核指标、薪酬管理与激励等多个环节，且所有环节都围绕绩效考核展开（见图5-2）。

```
                    企业战略目标
                   ↙      ↓      ↘
          薪酬管理与激励        组织结构与管理控制
              ↓          ↓          ↓
                    绩效考核指标  ←
              ↓          ↓          ↓
          人员招聘与选拔 ← 绩效管理 → 人员配置
              ↓          ↓          ↓
          员工培训与开发 → 员工关系 ← 工作分析与岗位评价
                         ↓
                      绩效提升
                         ↓
                    企业战略落地
```

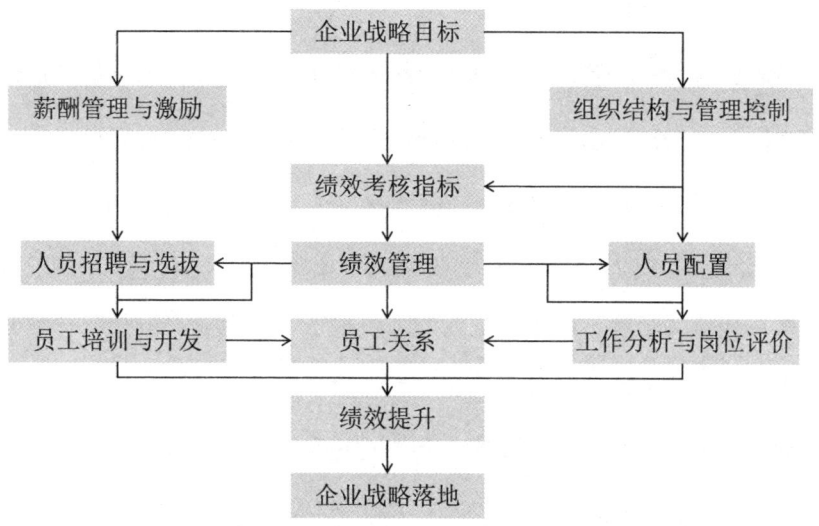

图5-2 绩效管理是人力资源管理的核心

绩效考核处于人力资源管理的核心位置，不是只画到图示中就可以表示其核心位置的，而是由以下四个条件决定的。

首先，企业的绩效目标是由企业的发展战略决定的，绩效目标要体现企业发展的战略导向，企业的组织结构与管理控制是部门绩效考核的基础，工作分析与岗位评价则是个人绩效考核的基础。

其次，绩效考核结果在人员配置、员工培训与开发、薪酬管理与激励等方面都有非常直接的影响。如果绩效考核不能落到实处，围绕绩效考核的各个环节的工作都将受到冲击；如果将绩效考核落到实处，对上述环节的工作都将起到促进作用。

再次，绩效考核对人员招聘与选拔、员工关系等方面也有密切影响。个人的能力素质对绩效结果影响很大，人员招聘与选拔要根据岗位对任职者的能力素质要求具体实施。如果岗位任职者的绩效考核结果不合格，就会对员工关系管理产生负面影响；如果岗位任职者的绩效考核结果合格，甚至优秀，则会对员工关系管理产生正面影响。

最后，通过薪酬管理与激励激发个人的主观积极性，通过员工培训与开发提高个人的技能水平，两者都具备就能带来个人绩效的大幅提升，进而促进企业绩效的提升和企业目标的实现。

由此可知，个人绩效水平将直接影响企业的整体运作效率和价值创造。衡量和提高企业、部门与个人的绩效水平，是企业人力资源管理的核心工作，而这项核心工作又必须建立在绩效考核的基础上。因此，人力资源管理和绩效考核是相辅相成的，共同构建和完善了建立在绩效管理系统基础之上的人力资源管理工作。

运用考核结果，优化薪资结构和福利体系

绩效考核对员工的行为有导向作用，是对员工在工作过程中表现出来的能力、业绩、品德、态度等进行评价的制度体系，也是确定员工薪酬、奖惩、调动和升降职的重要依据。

在得到考核结果后，可以将其运用于薪资结构和福利体系的优化中。

1. 根据员工的考核结果，对薪资结构进行优化

对于考核结果优秀的员工，可以设立额外的奖金或者提高他们的基本工资，以表彰他们的努力和优秀成果。对于考核结果不佳的员工，可以考虑降低他们的薪资水平，或者设立惩罚机制，以督促他们提高工作表现。

以下是一些关于如何运用考核结果来优化薪资结构和福利体系的建议。

（1）考核结果与绩效挂钩。员工的薪资涨幅可以与他们的绩效评级相对应，高绩效者可以获得更大幅度的加薪，而低绩效者可能只得到较小幅度的加薪或不加薪。

（2）确定明确的绩效档次。根据绩效考核结果，将员工分为不同的绩效档次，每个档次对应不同的薪资调整幅度。例如，设定高绩效档、中绩效档和低绩效档，并为每个档次设定相应的加薪幅度。

（3）提供个性化奖励方案。根据员工的个人绩效目标和发展需求，提供特定的奖励或福利，以满足员工的个性化需求，增强员工的工作动力和满意度。

（4）参考市场薪资数据。了解市场上同类或类似岗位的薪资水平，并将这些数据作为参考，确保企业的薪资结构具有竞争力。考虑员工的绩效水平和市场薪资数据，适度调整员工的薪资，来吸引和留住高绩效员工。

（5）制定长期激励措施。除了基本薪资的调整外，可以制定长期激励措施，如股票期权、股份计划或绩效奖金等。这些长期激励措施可以与员工的绩效和贡献密切结合，以激励员工为企业长期发展做出更大的贡献。

（6）透明沟通与解释。确保薪资结构和加薪政策的透明度，向员工清楚地解释薪资调整的依据和过程。及时沟通加薪政策的变化，让员工了解他们的绩效对薪资的影响，并回答员工可能有的疑问和担忧。

（7）定期评估和调整。定期评估薪资结构对于吸引和留住员工的效果，并根据实际情况进行调整。

2. 根据员工的考核结果，对福利体系进行优化

对于考核结果优秀的员工，可以为其提供更多的晋升机会、培训课程或健康保险等福利，以吸引和留住他们。对于考核结果不佳的员工，可能

需要提供额外的培训或者辅导支持，以帮助他们改善工作表现。以下是一些关于如何运用考核结果来优化企业福利体系的建议。

（1）考核结果与福利关联。将员工的绩效考核结果与福利相关联，高绩效员工可以享受更多或更好的福利待遇。例如，额外的假期、更灵活的工作安排、培训和发展机会等。这种关联可以激励员工提高绩效，增加工作的积极性。

（2）差异化福利待遇。高绩效员工可以享受更多的福利待遇，绩效差的员工享有较少的福利待遇甚至没有，这种差异化的福利待遇可以帮助企业吸引和留住高绩效员工，同时激励其他员工提高绩效。

（3）灵活福利选项。提供可供选择的福利选项，以满足员工的个性化需求和偏好。考虑员工的不同任职阶段、家庭状况和个人偏好，让员工根据自己的需要选择适合的福利项目，如弹性工作时间、远程工作、健康保险计划、子女教育支持等。

（4）健康福利计划。提供全面的健康福利计划，关注员工的身心健康，包括健康保险、健身俱乐部会员资格、健康检查、心理健康支持等，确保员工可以获得必要的健康保障和支持，提高员工的工作满意度和幸福感。

（5）职业发展支持。将福利与职业发展支持相结合，除了提供培训和发展机会外，还提供资助员工参加外部培训或专业协会和导师指导等。这些支持可以激励员工提升技能和知识，实现个人职业发展目标。

（6）员工关怀计划。建立员工关怀计划，关注员工的个人需求和福祉，包括员工援助计划、员工疏导服务、员工活动和社交活动等。通过关心员工的个人生活和幸福感，可以提高员工的忠诚度和工作满意度。

总之，通过将考核结果运用于薪资结构和福利体系的优化中，可以更好地激励员工，提高他们的工作积极性和生产力，从而实现企业的长期目标。

第六章　企业绩效管理深度剖析

我国企业的绩效管理理念要与我们国人的性格特征以及社会发展阶段相适应，这样才能算是真正合格的企业绩效管理。在此前提下，企业绩效管理的方式要与企业发展战略及企业管理风格相匹配，再通过对企业各级管理人员和员工进行绩效管理的方法、流程、工具的培训来达到绩效管理的目标。只有这样一层一层地拨开去，从绩效管理的表面直切进绩效管理的内核，才能做到对企业绩效管理的深度剖析。也只有通过这样的剖析，才能让企业老板对绩效管理有更通透的认知，不会在具体执行时掉入误区。

使绩效升级的循环过程

绩效是团队或个人在一定期间内投入产出的效率与效果，其中投入指的是人、财、物、时间、信息等资源，产出指的是工作任务和工作目标在数量与质量等方面的完成情况。

绩效包括组织绩效（企业整体绩效）、部门绩效、个人绩效三个层面，形成相互支撑与相互制约的关系（见图6-1）。

老板就要：定薪酬 做绩效 抓激励

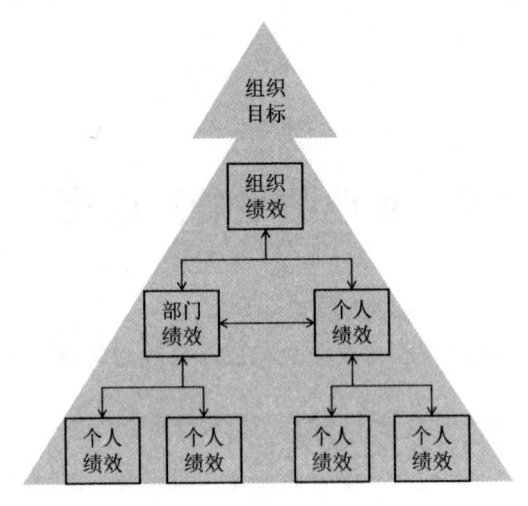

图6-1 绩效的三个层次

由下至上，个人绩效水平支撑着部门绩效水平，部门绩效水平支撑着组织绩效水平。

由上至下，组织绩效水平制约着部门绩效水平，部门绩效水平制约着个人绩效水平。

绩效管理就是企业各级管理者和员工为了达到组织目标，而共同参与的绩效计划制订、绩效实施监督、绩效考核评价、绩效结果应用，从而使绩效不断提升的循环过程（见图6-2）。

图6-2 绩效管理循环

绩效管理强调组织目标和个人目标的一致性，强调组织和个人的同步成长。在绩效管理的各个环节，都需要绩效考核的制定者和参与者共同执行。

绩效考核是企业对各部门和员工某一阶段工作成果的评估和等级确定过程。绩效考核的目的是对组织绩效、部门绩效和个人绩效进行准确识别和有效区分，为激励机制的应用提供基础依据。

一要准确识别。对为企业贡献大、支撑企业发展战略的行为和结果给予肯定；对工作不力或出现问题、没有对企业作出贡献、不能支撑企业发展战略或给企业带来损失的行为或结果给予否定。

二要有效区分。考核结果等级划分有效，不同考核结果等级之间的绩效有显著差别，考核等级为"优秀"的一定比考核等级为"良好"的绩效水平高，考核等级为"不合格"的一定比考核等级为"合格"的绩效水平低。

完善的绩效考核体系和绩效考核指标是团队和个人绩效考核有效的保证。绩效考核体系的建立有利于评价员工的工作情况，是进行绩效管理的基础。绩效考核指标是绩效考核得以推进的载体，通过特定的指标对员工进行考核。

影响绩效考核的主要因素有四项：员工能力是员工具备的核心能力和内在的因素，经过培训和开发可以提高；外部环境是组织和个人面临的不为组织所左右的因素，是完全不能控制的；内部条件是组织和个人开展工作所需的各种资源，可在有一定程度上改变；激励效应是组织和个人为达成目标而在工作中所表现出的主动性和积极性。

在影响绩效的四个因素中，只有激励效应是最具主动性和能动性的。

在这四个因素中，员工能力很关键、外部环境很重要、内部条件也很重要。然而，员工能力在短期内难以提高，外部环境并非企业所能决定，内部条件又会对企业形成限制，因此企业想要在短期内提升业绩或者希望超越行业发展，或者在外部环境不利的情况下止住颓势，就只有通过激励效应提高员工工作积极性来实现。

不同的企业会选择不同的方式来提升绩效，有的重视员工培训，有的重视制度流程建设，有的重视改善工作环境等。但无论采用何种方式，都必须以提高员工积极性为核心，其他方式都要围绕此展开。员工通过自我发掘、自我培养、自我提升，提高其自身技能水平和条件，以充分适应各种变化引起的外部环境的变化，如此绩效提升才会进入良性循环。

卓越绩效管理体系的要素与特点

绩效管理对于企业发展非常重要，有效的绩效管理能激发员工的工作潜能，让企业运转顺畅，有利于企业长期目标的实现。很多优秀企业不断对绩效管理进行探索和实践，形成了适合企业发展要求的绩效管理体系。因此，卓越的绩效管理体系是一种高效的管理方法，旨在促进企业的绩效提升和员工发展。绩效管理体系通过明确目标、监测绩效、提供反馈和奖励等手段，帮助企业确保员工工作与企业战略目标相一致，并激励员工实现卓越的绩效。

1. 卓越绩效管理体系的要素

（1）目标设定。设定明确、可衡量和具有挑战性的目标，以确保员工了解自身工作目标是什么，以及如何与企业整体目标对齐。

（2）绩效监测。建立有效的绩效监测机制，通过定期评估和跟踪员工的工作表现，确保员工在工作中达到预期的绩效水平。

（3）反馈改进。提供及时和有效的反馈，帮助员工了解自身的工作表现，提出并指导员工改进。这种反馈机制有助于员工识别自身的强项和不足之处，促进个人成长和发展。

（4）奖励认可。通过公正的奖励制度，如薪酬、晋升和其他形式的认可，激励和回报员工的卓越绩效，提高员工的工作动力和满意度。

（5）培训发展。为员工提供专业培训和发展机会，帮助员工提升技能、知识和综合能力，满足员工不断成长和适应企业的需求，提高企业整体绩效水平的同时实现个人职业发展。

（6）持续改进。不断评估和改进绩效管理体系，以确保其与企业的需求和变化相适应，提高绩效管理的效果和效率。

卓越绩效管理体系能够综合考虑员工的工作表现、发展需求、奖励机制和企业战略目标之间的关系，将绩效管理与人才管理和组织发展相结合，形成综合性的管理体系。

因此，卓越绩效管理体系发挥作用的机制是通过恰当的激励，激发员工的主动性和积极性，来充分利用企业内部资源，最大限度地提升个人能力和绩效，进而提升部门和企业的综合能力与绩效。

2. 卓越绩效管理体系的特点

（1）体系设计——战略导向、绩效提升、激励机制。绩效管理体系需同时站在企业战略发展、提高企业绩效和提升个人绩效三个角度进行设计，使得个人目标、部门目标和企业目标保持高度一致。建立激励机制要考虑员工的成熟度，正激励和负激励、物质激励和非物质激励平衡使用。激励内容要符合员工的真正需求，低层次物质需求和高层次精神需求同样重要。此外，设计激励内容时还要充分考虑社会发展现状和员工个体实际需求的特征。

（2）内部管理——基础管理、条件完备、执行能力。系统完善的绩效管理体系需要打好一定的条件基础，包括企业的管理水平相对较高、企业文化比较健康且符合企业发展需要、企业发展战略比较清晰且正在逐渐实现的过程中、企业的组织结构可以适应企业发展之需、薪酬制度能体现目标公平和激励作用、企业预算核算体系完备……仅达到条件并不够，还要让条件转化为实际的优势，因此需要企业具备较强的执行能力，以及企业决策层对绩效管理要具有相当高的认知。

（3）推进实施——结果导向、过程控制、以人为本。首先，绩效管理必须注重结果考核和过程控制的平衡，对过程控制有实质且有效的办法，用相对科学的方法来设定组织的绩效目标，能得到员工的理解，被员工接受。其次，绩效管理需注重企业管理人员和中、基层人员的互动及责任共担，建立有效的激励机制以提高全体人员的工作积极性和主动性，鼓励大家自我培养、自我开发，提高能力素质，提升个人和企业绩效。最后，绩效管理必须体现以人为本的思想，体现对人的尊重，鼓励创新并保持组织活力，实现员工和企业共同成长。

总之，卓越绩效管理体系的实施需要企业高级管理层的支持和承诺，并与企业的战略目标紧密结合，以建立高绩效文化，提高员工的工作满意度和忠诚度，进而促进组织整体绩效的提升。

绩效管理认知的常见误区

在实务操作中，常能看到一些老板对绩效管理的错误认知，并带领企业在绩效管理的误区里艰难跋涉，不仅无法达成绩效期望，还会消耗很多不必要的资源。为了让企业在实施绩效管理时能及时避坑，本节就对绩效管理中常见的误区做详细阐述。

1. 误区1——绩效管理只是人力资源部门的事

如果问100名老板同一个问题：绩效管理是哪个部门的事？恐怕得有90多名会回答"是人力资源部门的事"，另外几名要么回答不上来，要么可能会有一些奇葩答案。

必须承认，这个问题带有一定的误导性，直接框定了绩效管理必须是某个部门的事。但正是这种误导性才能引起企业领导者的重视，进而对绩效管理产生正确的认知。也正是因为有这样的认知误区，使得很多企业在推行绩效管理时会出现各种错乱状况，如有的企业只有人力资源部门在下功夫做绩效考核，其他部门几乎不配合，甚至连填写一份绩效考核表都不愿意，直接导致绩效考核难以继续和推广，如果人力资源部门将这样的现状反映到老板那里，得到的答案也往往是"这是你们部门的事，你们要想办法解决"。于是乎，即便人力资源部门使出浑身解数，绩效考核还是做不好。

企业尤其是企业领导者对绩效管理的这种认知错误在企业规模尚不大时，勉强不会出问题，但当企业规模发展起来后，就弊端尽显了，让绩效管理形同虚设。

作为老板必须明白，人力资源部门只是起到绩效管理的组织和协调作用，各级管理人员和各部门才是绩效管理的主角，其中各级管理人员还是绩效管理的对象（被考核者）和其下属绩效考核的责任人（考核者）。

2. 误区2——绩效管理就是挑毛病

很多企业在启动绩效管理时，认为绩效管理只是绩效考核这一项工作，并把绩效考核作为约束和控制员工的手段，希望通过绩效考核给员工施加压力，让绩效考核成了处罚和辞退员工的理由。

绩效考核只是绩效管理的一个环节，完整的绩效管理是一个循环，由绩效计划制订、绩效实施监督、绩效考核评价和绩效结果应用构成。绩效管理的目的是持续提升组织和个人的绩效，从而保证企业发展目标的实现。绩效考核是为了正确评估组织和个人的绩效，以便有效激励员工。由此可见，简单地将绩效管理看作挑毛病，是对绩效管理的极大误解和不尊重。

为了改变"绩效管理就是挑毛病"的误区，可以从以下两个方面着手。

（1）要让所有参与绩效管理的人员认识到实施绩效管理将给企业和个人带来的好处。

（2）要加强绩效管理方法、工具和流程的培训，让参与者能更从容地应对绩效考核。

3. 误区3——过于痴迷量化考核

在企业绩效管理中，很多老板都希望将所有考核内容都进行量化，考核指标最好都能按公式计算出来,这样才能显出考核的严谨性,也才能对考核结果进行细致的比较。

例如,某公司对人力资源部的考核指标如下。

(1)服务满意率下限97%,力争达到100%。

(2)预算内费用降低下限10%,力争达到15%。

(3)档案及时归档率下限95%,力争达到100%,完好率必须达到100%。

(4)招聘、培训完成及时率必须达到100%。

(5)关键岗位人员流失率低于1%,力争达到零。

(6)行政人事部人员都要会写公文,选拔并培养后备人员和文秘人员各2～3人。

(7)会议精神传达、贯彻执行率必须达到100%。

通过以上七项考核指标可以看出,该企业的绩效考核进入了误区:痴迷量化考核,否认主观评价的积极作用。

要求考核指标全部量化,就不能正确评价下属工作状况,因为考核全部量化是做不到的,有些考核项目是不能实现量化的。就像上面案例中"会议精神传达、贯彻执行率必须达到100%",就属于不能量化的范围,因为根本无法确定传达与贯彻执行的情况。更为重要的是,执行这一块并不在人力资源部的管辖范围内,不可能发号施令要求其他部门全部执行。

定量指标在保证绩效考核结果公正、客观方面具有重要作用,但定量指标考核并不意味着考核结果必然公平、公正,还应充分考量主观评价的作用,即尊重被考核员工直接上级在考核中的主观评价。因此,在绩效考核中,除了定量指标外,还有定性指标、过程指标。从本质上讲,定量指标属于硬性指标，定性指标和过程指标属于软性指标。

4. 误区4——过于追求考核的全面性

在绩效管理实践中，存在一种尽量追求考核指标全面性的倾向，将考核指标覆盖考核岗位的方方面面。不可否认，考核全面性对于促进考核工作和提升管理水平有着积极的作用，对于提高员工工作效率和质量也有着促进作用，通过定期、不定期的考核，员工会感到有压力。但正因为事无巨细的考核，有时反而会让考核陷入没有效度、缺乏重点、抑制激励的错误中。

某运输公司的司机岗位考核分为两个阶段，前一阶段因为车辆基础管理工作不到位，对司机岗位只进行"出车里程"（占60分）和"安全行驶"（占40分）两个指标的考核。由于"安全行驶"考核项的分数很高，司机的安全意识都很高，从考核实施开始从未发生过安全事故，因此每次考核"安全行驶"都能得满分，"出车里程"自然也不会扣分。

这种每次考核都全员满分的情况让绩效考核失去了意义，于是该公司对司机的绩效考核进行了改进：增加了"油料消耗"（占20分）、"车辆保养"（占20分）、"车辆维护"（占20分）、"优质服务"（占10分）、"费用标准"（占10分）五项，原先的"出车里程"和"安全行驶"两项都为10分。这样新的问题就出现了，因为"安全行驶"考核项的分数只有10分了，司机的安全意识有所下降。但即便出现了很大的安全事故，给公司带来了巨大的损失，最多也只是扣掉"安全行驶"项的全部分数，其他方面并不受波及，仍然能得到90分的高分，这样缺乏重点的考核同样也不具有意义。

考核结果没有效度，绩效水平高不一定是考核结果好，也不一定是对企业贡献大。考核项目多，再平均分配，就会失去重点，实现不了绩效管理的导向作用，会让员工感到没有发展目标和奋斗方向。

5. 误区5——对推行绩效管理的效果抱有不切实际的幻想

某公司推行绩效考核近十年，也取得了一些成绩和效果，老板期望在绩效管理上取得更大的突破，带动企业年度目标比上一年度增长100%，于是将目标分解到各个部门，通过绩效考核传递压力，希望各部门都能完成既定目标，最终让企业整体目标得以实现。

期望是好的，但可惜事与愿违，企业不仅没能达到预期目标，连上一年已完成的目标都没能赶上，用这个老板自己的话说："输得丢盔卸甲！"

该公司究竟输在哪里呢？简而言之一句话：对绩效管理期望太高了！绩效管理不是万能的，解决不了企业的所有问题。企业的业绩不是考核出来的，而是经营管理出来的，通过绩效管理，再辅以其他管理手段，能够促进企业管理流程和业务流程的完善，以及企业基础管理水平的提高。

绩效管理对企业的作用虽然大，但其却不是短期就能快速提高的，也不是单方面推行就能达成的，是一个逐步完善和各个部门相互配合的过程，因此，推行绩效管理切不可急功近利，变成短期行为。绩效管理影响着企业的所有人员，尤其对于促进和激励员工改进工作方法有极大作用。

绩效考核的实用方法

在推行绩效管理之前，必须先对绩效考核方法进行选择。因为绩效考核方法有很多，不同的考核方法决定了不同的绩效管理体系。要选择正确适用的绩效考核方法，必须结合企业的发展战略和实际情况而定，必须对绩效考核的意义和目的有正确的认知，必须了解目前常见的绩效考核方法有哪些。本节就对现代常用的绩效考核方法进行详细阐述。

1. 方法1——BSC考核法

BSC即平衡计分卡，是一种战略绩效分解与评价工具。BSC的发明，源于发明者对许多企业考评过程中发现的两个重大缺陷：标准差距和管理差距。标准差距是指多数企业在衡量其业务比率、质量和生产率时，主要集中关注历史数据，但过去的标准与未来的成败几乎毫无关系。管理差距是指计划与管理行为间的差距，许多企业在推进重要的新战略，虽然战略制定得很好，却没有实际作用，原因在于战略计划没有被转换成管理人员和员工能够理解并在日常工作中运用的具体措施。

BSC的发明弥补了上述缺陷，打破了传统的只关注历史财务指标的业绩管理方法。BSC考核法的突出特点是，将企业的愿景、使命和发展战略与企业的业绩评估系统地联系起来，把企业的使命和战略转变为具体的目标和考核指标。因此，BSC考核法将从财务、用户、内部和未来四个角度去审视业绩（见表6-1）。

表6-1 平衡计分卡的考评角度

考评角度	举例	评分标准
财务	股东对业绩的看法	①资本回报；②经济附加价值；③销售增长；④成本节约
用户	用户满意度	①用户满意；②用户稳定率；③吸引新用户
内部	评价人才和流程的质量	①培训和发展；②离职率；③产品质量；④资本周转率
未来	察看组织怎样学习和成长	①员工满意度；②留住人才；③人才投入的可盈利性

（1）财务角度：企业的财务运作管理表现如何？

（2）用户角度：用户如何看待企业？

（3）内部角度：企业经营中最擅长和最不擅长的是什么？哪些业务流程需要改进？

（4）未来角度：企业未来能够持续维持什么优势？需要进行哪些创新、学习和成长？

上述四个方面既相互作用，又相互驱动，共同形成了一个绩效考核驱动系统，可以用于企业整体、某一部门或某一具体人的业绩考评（见图6-3）。

2. 方法2——EVA考核法

EVA即经济增加值，能够正确度量企业业绩。企业净经营利润减去所投入资本的机会成本后的差额，就是经济增加值。注重资本费用是EVA理论的明显特征。EVA理论认为，不包含资金成本的利润不是真正的利润，要正确评价企业的业绩，就必须把资金成本考虑进去。企业只有收回资金成本后的EVA，才是真正盈利。

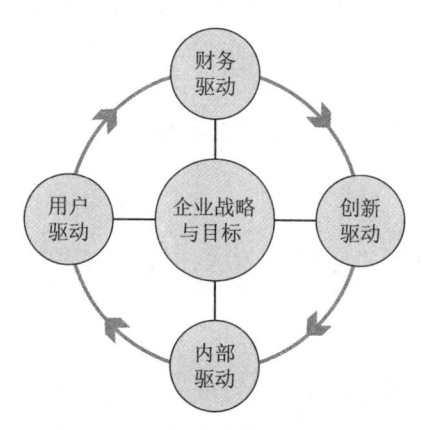

图6-3 平衡计分卡的驱动关系

EVA考核法要达到的激励目标如下。

（1）把对管理业绩的激励和股东财富的增长紧密联系起来。

（2）为经营管理、计划、业绩度量和员工薪酬制度建立一个统一的目标。

（3）营造业绩导向的企业管理文化。

EVA比任何传统指标都更能体现企业的运作情况和投资者的利益，企业占用的资产越多，就应该创造越多的利润，否则就是存在效率损失。

如果EVA等于补偿投资风险的必要回报，则企业的剩余收入是零，投资人所投资本的经济增加值为零；如果EVA为负数，说明企业发生了价值损失，投资者的财富受到侵蚀；如果EVA为正数，说明企业创造了更多价值，投资人的财富得到了增长。

3. 方法3——OKR考核法

OKR即目标与关键成果，严格意义上说，OKR是一种绩效管理工具。OKR考核法最忌讳的，就是一个绩效周期结束，来看看最初定下来的目标有没有完成、完成得怎么样，从而给员工打一个绩效分数。

OKR考核法强调要明确企业和团队的目标，以及明确达成什么样的可衡量的"关键结果"后就能够证明完成了这个目标。OKR考核法的工作重心从"考核"回归到了"管理"，在关注目标实现的前提下强化过程管理。

OKR考核法的特点如下。

（1）精而不多。核心目标和关键成果非常聚焦，用以明确工作重心。

（2）全体公开、透明。同级、直接上级、间接上级的目标全公开，实现目标导向。

（3）个人提出。提出目标要具有挑战性，但不要求必须完成，以满分10分值计分，考核得到6~7分即可。

（4）切割联系。因为不要求必须完成，就需要弱化考核结果与当期收入的关联，让员工放下思想包袱，创造卓越绩效。

鉴于上述四项特点，OKR考核法实行的前提要求员工必须具有主观能动性和主动创造性，并且具有较高的职业道德素养和突出的专业技术能力。实行OKR考核法，强调内在激励的重要性，弱化物质激励的作用。

4. 方法4——KPI考核法

KPI即关键绩效指标，是职场中使用最为广泛的绩效考核工具。KPI是通过对企业内部流程的输入端和输出端的关键参数进行设置、取样、计算、分析，衡量流程绩效的一种目标式量化管理指标。KPI将企业的战略目标分解为可操作的工作目标，即将企业、部门和个人的工作业绩分解成几个具体的可衡量的指标，如月销售额、复购率、用户投诉率等，然后针对每个指标制定具体的绩效目标。在一个绩效考核周期结束时，根据每一个关键指标的具体完成情况，来评价企业、部门和个人的工作成果。

KPI考核法用以衡量员工在特定任务、项目或职能方面的表现。这些指标必须是可量化的，并与工作职责和目标相关。确定KPI需要坚持SMART原则。

（1）S（Specific）——指标必须具体，绩效考核要切中特定的工作指标，不能笼统。

（2）M（Measurable）——指标必须可度量，验证绩效指标的数据或信息是可以获得的。

（3）A（Attainable）——指标必须可实现，要在付出努力的情况下实现，避免设立过高或过低的目标。

（4）R（Realistic）——指标必须具有现实性，是实实在在的，可以证明和观察。

（5）T（Time bound）——指标必须有时间限制，注重完成绩效指标的特定期限。

建立KPI指标是确保绩效考核科学性和有效性的基础。建立KPI指标需要经过五个基本步骤，具体如图6-4所示。

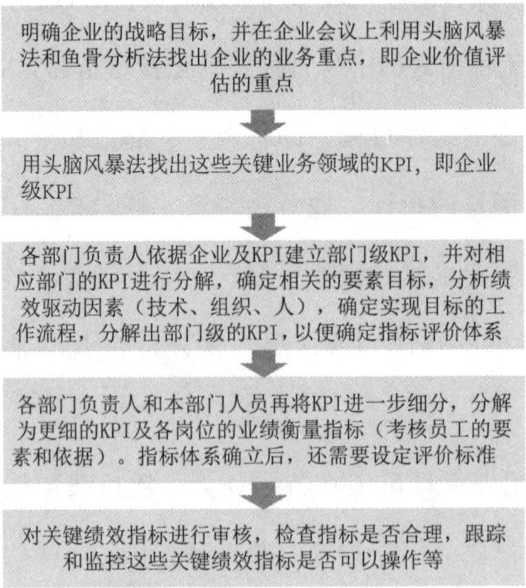

明确企业的战略目标，并在企业会议上利用头脑风暴法和鱼骨分析法找出企业的业务重点，即企业价值评估的重点

↓

用头脑风暴法找出这些关键业务领域的KPI，即企业级KPI

↓

各部门负责人依据企业级KPI建立部门级KPI，并对相应部门的KPI进行分解，确定相关的要素目标，分析绩效驱动因素（技术、组织、人），确定实现目标的工作流程，分解出部门级的KPI，以便确定指标评价体系

↓

各部门负责人和本部门人员再将KPI进一步细分，分解为更细的KPI及各岗位的业绩衡量指标（考核员工的要素和依据）。指标体系确立后，还需要设定评价标准

↓

对关键绩效指标进行审核，检查指标是否合理，跟踪和监控这些关键绩效指标是否可以操作等

图6-4　KPI指标的建立步骤

5. 方法5——MBO考核法

MBO即目标管理，是众多国内外企业进行绩效考核的最常见的工具之

一。MBO考核法能得到推广的原因有两点：①与人们的价值观和处事方法相一致，例如，人们都认为"有必要依每个人所做的贡献而给予其一定的回报、奖励"是毫无疑义的；②能更好地把个人目标和组织目标有机结合起来，达成一致。

MBO考核法让企业的管理人员和员工亲自参加工作目标的制定，自下而上地确定工作目标，并在完成目标的过程中实行"自我控制"。

MBO考核法强调以目标为导向、以人为中心、以成果为标准，使组织和个人取得最佳业绩，因此也称为责任制。

MBO考核法不是用目标来控制，而是通过目标来激励下级。MBO考核法通过一种专门设计的过程使目标具有可操作性，一级接一级地将目标分解到企业下属的各部门。企业的整体目标被转换为每一级组织的具体目标，即从企业整体目标到经营单位目标，再到部门目标，最后到个人目标MBO的实施流程见图6-5。

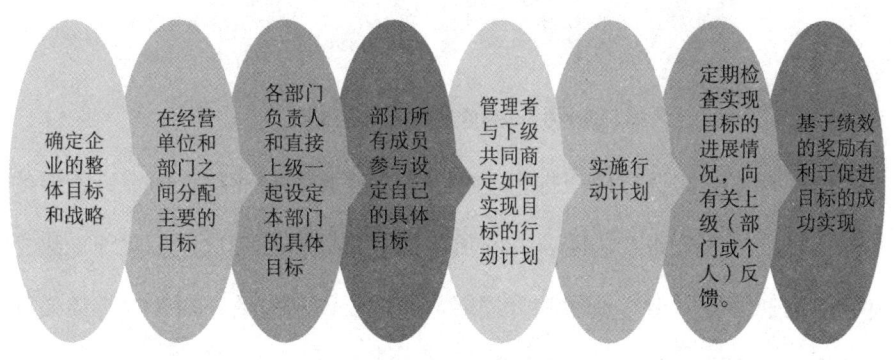

确定企业的整体目标和战略 → 在经营单位和部门之间分配主要的目标 → 各部门负责人和直接上级一起设定本部门的具体目标 → 部门所有成员参与设定自己的具体目标 → 管理者与下级共同商定如何实现目标的行动计划 → 实施行动计划 → 定期检查实现目标的进展情况，向有关上级（部门或个人）反馈。 → 基于绩效的奖励有利于促进目标的成功实现

图6-5　MBO的实施流程

6. 方法6——360度考核法

360度考核法也称为全方位考核法。传统的绩效考核主要由被考核者的上级对其进行评价，360度考核法则由与被考核者有紧密关系的人，包

括被考核者的上级、同级同事、下属和用户（供应商），对其进行评价，同时也包括被考核者本人的自评，最终再综合各方意见，给出一个整体的绩效考核结果。

除被考核者的自评外，其他评估者分别匿名向被考核者提供反馈，以帮助被考核者提升能力和业绩。

360度考核法普遍应用于当前企业的绩效评估中，且任何发展规模的企业、任何领域的企业、任何经营模式的企业都适用。360度考核法的实施有基础四步，企业可以根据实际情况酌情添加其他步骤（见图6-6）。

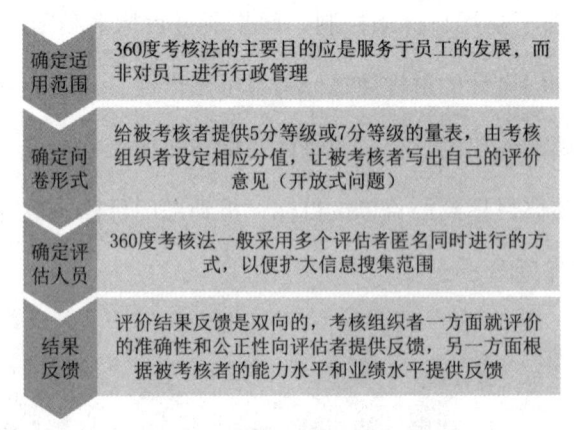

确定适用范围	360度考核法的主要目的应是服务于员工的发展，而非对员工进行行政管理
确定问卷形式	给被考核者提供5分等级或7分等级的量表，由考核组织者设定相应分值，让被考核者写出自己的评价意见（开放式问题）
确定评估人员	360度考核法一般采用多个评估者匿名同时进行的方式，以便扩大信息搜集范围
结果反馈	评价结果反馈是双向的，考核组织者一方面就评价的准确性和公正性向评估者提供反馈，另一方面根据被考核者的能力水平和业绩水平提供反馈

图6-6　360度考核法实施步骤

绩效考核法的选择应根据企业的需求、文化和行业特点而定，重要的是确保评估方法公正、透明，并与员工的职责和目标相适应。此外，建立良好的沟通渠道，促进员工和管理层之间的反馈和对话，对于发挥绩效管理的作用也非常重要。

绩效考核的管理流程

绩效考核管理充分发挥员工的潜能和积极性，可以更好地实现企业的各项目标。但在实务操作中，多数企业只知道绩效管理有用，却不知道如何将绩效管理的作用发挥到最大，好不容易对绩效管理有了正确的认知，也知道了要避开哪些误区，还选择了比较适合的方法，但在实施阶段又卡住了，绩效考核流程不正确，让前面的工作效果都大打折扣。

那么，怎样的绩效考核流程才是正确的呢？虽然各企业的实际情况不同，具体的绩效流程也不尽相同，但有一些基础性流程是任何企业都必须有的，少了任何一环都会让绩效管理的效果失色。本节就来详细阐述这些必备流程环节，希望对企业经营有所帮助。

1. 环节1——绩效诊断评估（管理诊断，绩效调研）

任何管理系统的设计都是从初始状态到中间状态，再到理想状态的渐进过程。所有期望管理系统一步到位的老板，都不仅未能将企业引向理想状态，还可能将企业引向成功的反面。因此，绩效管理的首要工作是系统诊断企业的管理现状，摸清企业的管理水平，在此基础上为企业设计出科学、合理的绩效考核系统。该环节的具体工作包括以下几项。

（1）企业组织机构设置及工作流程。

（2）企业战略目标及企业目标管理。

（3）部门设置及岗位责权分工。

（4）各部门工作目标和计划实现周期。

（5）各部门和关键岗位过去1~3年的业绩表现。

（6）企业制度及薪酬系统。

（7）员工业务技能评估。

2. 环节2——绩效目标确定（经营计划、工作计划）

企业老板必须明白一个关键的问题：没有目标，没有计划，就谈不上绩效，所有企业管理系统都是为实现企业战略目标服务的。因此，明确企业的目标指向，将有助于企业凝聚员工，使员工能经常体验到目标实现的成就感。该环节的具体工作包括以下几项。

（1）企业战略目标设定与经营计划确认。

（2）企业中长期经营计划制订。

（3）企业工作计划系统（项目计划、部门工作计划、个人工作计划等）确定。

3. 环节3——绩效管理方案（设计与调整）

根据每个岗位的特点提炼出KPI指标，再编制考核标准，设计绩效考核流程，明确规定考核程序，合理应用考核结果。应用考核结果主要体现为与绩效奖金挂钩，同时应用于工作改进、教育训练与职业规划。该环节的具体工作包括以下几项。

（1）绩效管理实施计划制订。

（2）岗位关键指标和权重设定。

（3）考核周期及管理考核或跨部门考核。

（4）指标数据化量化设计。

（5）绩效管理表单设计。

4. 环节4——绩效测评分析（培训，模拟实施）

开展全员培训工作，要求每个员工都能深刻理解绩效考核的意义及操作办法。根据企业的实际情况和考核的实施情况，对考核的相关方案作出适当调整，以确保考核的时效性与科学性。利用模拟实施阶段的测评核算出绩效成果，并对其进行分析，挖掘绩效问题并组织相应的绩效面谈，以帮助员工不断提升绩效，促进人员或团队的发展与成长。该环节的具体工作包括以下几项。

（1）测试工作业绩与绩效考核结果，评估误差性。

（2）绩效管理培训（绩效管理的意义、原理、一般方法和案例）。

（3）企业目标管理（企业目标管理作用、基本思想、目标设定及目标管理表格的应用）。

（4）绩效管理与平衡计分卡培训（关键绩效指标分类、指标来源）。

（5）全面绩效改善方案培训。

5. 环节5——绩效辅导改善（低绩效问题改善）

通过环节4的测评分析，暴露出企业各个层面的问题，如目标问题、组织体系问题、管理流程问题、工作流程问题、部门设置问题、岗位分工问题、员工业务能力问题等。根据暴露出的问题，或由企业内部绩效管理人员，或由企业外部聘请的专业人员进行针对性辅导，以改善低绩效现状。该环节的具体工作包括以下几项。

（1）职能部门培训辅导（行政后勤培训辅导、人力资源培训辅导等）。

（2）业务部门培训辅导（营销培训辅导、生产培训辅导、采购培训辅导等）。

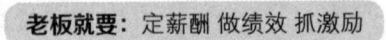

6.环节6——绩效考核实施(组织实施运行)

企业绩效管理组织运行,实施绩效管理与考核,并依据绩效管理方案周期性分析评估,持续改进和完善绩效管理及企业各方面管理。该环节的具体工作包括以下几项。

(1)选出考核实施总负责人(具备专业绩效管理知识,企业内有管理威望,善于沟通)。

(2)试行期内广泛收集被考核者的意见和建议(给予被考核者尊重和参与制定权)。

(3)分段收集考核数据,安排辅导(特别关注考核周期内的前期)。

(4)在考核周期内的前期采取沟通(特别是非正式沟通,缓和被考核者的压力)。

(5)考核周期结束后,使被考核者认同考核结果(在公布前达成共识,保留不同意见)。

(6)绩效检讨(让被考核者自行分析考核不合格的原因及改善方案,再协助分析重点不足)。

(7)绩效办法适时修正(广泛吸取意见,至少在3个考核周期内修正一次)。

(8)对绩效考核结果应用(薪酬、奖罚、福利、调职等)。

第七章　设计关键业绩考核指标

企业关键业绩考核指标是通过对企业内部关键流程的关键参数进行分析、取样、分类、设计、权重设置，将企业的战略目标分解为可操作的目标，是衡量关键绩效的目标式量化考核，是企业目标、绩效管理的基础。

设计关键业绩考核指标可以使各部门明确本部门的主要责任，并以此为基础明确部门各岗位人员的业绩衡量标准。建立明确的、切实可行的关键业绩指标评价体系，是目标管理与绩效管理的关键。

组织绩效模型与关键业绩考核指标

企业要想保持持续的竞争力，就需要进行绩效管理。如果将整个企业看作一台汽车，那么制度就是这辆汽车的底盘，为其上的所有部件提供支撑；各部门组成了高速运转的发动机，任何一个部门出现问题，都可能令这台汽车失去动力；绩效管理体系则是变速箱，发挥着精准调控的作用。汽车的变速箱由很多齿轮构成，"组织绩效"与"个人绩效"作为两个最主要的齿轮，在运行中起着至关重要的作用。

组织绩效模型（见图7-1）是战略驱动绩效指标分析的结果，其为企业整体及各个部门绩效考核指标的选择与确定提供了根本性的支持。

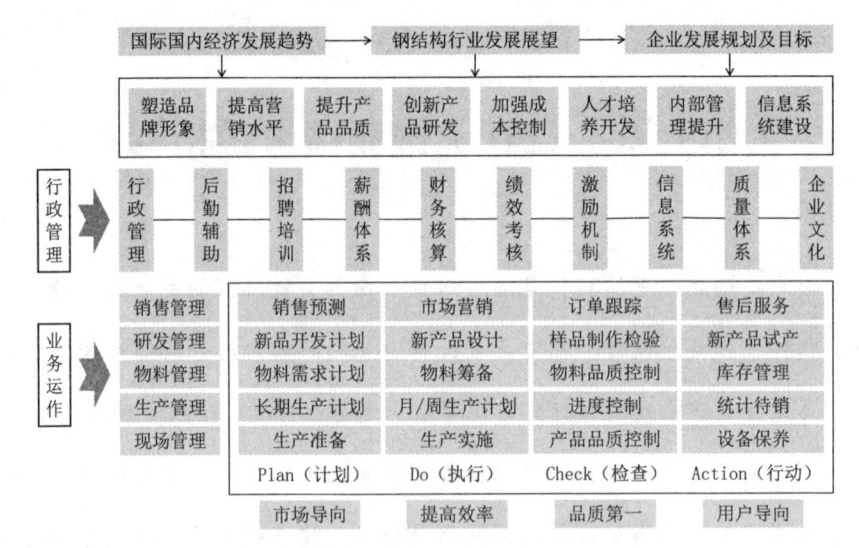

图7-1　组织绩效模型（某钢结构加工企业）

对图7-1的解读可以分为以下三大块。

第一大块：通过对国际国内经济发展趋势、行业发展展望、本企业发展规划及目标的研究，该企业决定在塑造品牌形象、提高营销水平、提升产品品质、创新产品研发、加强成本控制、人才培养开发、内部管理提升、信息系统建设八个方面加大工作力度，力争在各个方面都有所突破，以支撑企业发展战略的实现。

第二大块：该企业的价值创造核心业务是销售管理、研发管理、物料管理、生产管理、现场管理，同时还需要行政管理、后勤辅助、招聘培训、薪酬体系、财务核算、绩效考核、激励机制、信息系统、质量体系、企业文化等方面共同支持。

第三大块：销售管理关键成功要素体现在销售预测、市场营销、订单跟踪、售后服务四个方面；研发管理关键成功要素体现在新产品开发计划、新产品设计、样品制作检验、新产品试产四个方面；物料管理关键成功要素体现在物料需求计划、物料筹备、物料品质控制、库存管理四个方面；生产管理关键成功要素体现在长期生产计划、月/周生产计划（短期）、进度控制、统计待销四个方面；现场管理关键成功要素体现在生产准备、生产实施、产品品质控制、设备保养四个方面。

通过上述分析可以得到该钢结构加工企业的各个业务部门及职能部门的核心工作、高绩效特征及对应的考核指标。例如，运转中枢计划物控部门（PMC）的核心工作、高绩效特征及对应的绩效考核指标为核心工作，高绩效特征和绩效考核指标。

核心工作包括四个方面。①统筹协调生产运营；②合理制订生产计划；③严格管控物料供应及库存；④在保证产品满足用户需求的同时，尽量降低产品成本。

高绩效特征分为六个方面。①生产运作统筹：结合市场需求、加工特点与库存/库容情况，整合产能，合理安排生产；②生产计划编制：制订长期生产计划与月/周计划，并审核计划的可能性变更与协调变更事宜；③生产进度跟踪：时时跟进各生产单位的生产计划执行情况，确保无延期；④物料需求预测：及时准确地协同各生产单位所需的物料数额、样式、等级、品质等；⑤物料供应管理：制订物料供应计划，并跟踪使用情况，保证库存安全；⑥生产信息分析：收集产能信息并进行分析、预测，以促进产量的提升。

绩效考核指标分为四个类别。①非权重指标：生产计划漏排、请购计划漏排、板材利用控制、装卸失误、仓库管理等；②定量指标：周生产计划变更次数、月生产计划变更次数、外销订单平均交货天数、原材料周转天数、成品库存周转天数、主要设备利用率等；③定性指标：生产安排、产能信息管理、物料供应管理、入库验收、库房管理、货物保管与储藏、发货工作质量等；④过程指标：生产计划执行跟踪、生产信息统计分析、物料出入库、物料损耗标准管理等。

关键业绩考核指标分类

关键业绩考核指标的分类方式有两种：一种是建立在指标本身的划分方式，分为非权重指标、定量指标、定性指标和过程指标四类；另一种是结合企业经营的划分方式，分为财务指标、销售指标、用户指标、运营指标、员工指标、创新指标、可持续发展指标七类。下面分别就这两种划分方式进行详细介绍。

1. 建立在指标本身的划分方式

按照这种划分方式，关键业绩考核指标可分为结果指标和过程指标（见图7-2）。其中结果指标包括非权重指标、定量指标、定性指标，用于评估被考核者的工作结果，属于可量化的；过程指标用于评估被考核者的过程行为。

图7-2 关键业绩考核指标（以指标本身划分）

（1）非权重指标：所考核的是重要企业经营中的重要事项，而非常规工作。如果将这些重要事项作为权重指标考核，会给绩效考核战略带来极大影响，但重要事项的发生又对企业战略目标的实现有重大意义，因此对这类事项的考核采取不占有权重的形式。非权重指标包括否决指标、奖励指标和惩罚指标等。

（2）定量指标：可以准确地以数量定义、精确衡量，并能设定绩效目标。定量指标的5个要素：①指标说明——对指标的详细解释及如何计算的说明；②评价标准——如何计算绩效考核指标得分的详细条款；③信息来源——绩效考核信息来自何处；④绩效考核者——由谁负责制定绩效目标，并实施考核；⑤绩效目标——在考核期间应该达到的指标数值。定量指标分为绝对量指标（如销售收入）和相对量指标（如销售收入增长率）两种。

（3）定性指标：可以明确定义，同时也是某些行为的结果，但却不能精确衡量，也无法设定数量。如考核工作疏忽错误、工作完成及时性等，即可采用定性指标。定性指标的5个要素也是指标说明、评价标准、信息来源、绩效考核者和绩效目标。与定量目标的差别在于，定性指标的绩效目标是定性的描述而不是定量的精确数字。

（4）过程指标：绩效考核的重要意义在于过程控制。相对于结果指标的滞后性，过程指标可以更加靠前。如果一个企业全部采用结果指标进行考核，那么绩效考核就会全部滞后，也同时失去了控制的意义。过程指标同样有5个要素，分别是指标说明、评价标准、信息来源、绩效考核者和绩效目标，但其绩效目标是根据主要工作流程控制点行为特征进行描述的，以评估表的形式得出评价标准。

2.结合企业经营的划分方式

按照这种划分方式，关键业绩指标可以根据不同的业务领域和组织目标进行分类。因为这种方式不是重点，因而下面只对其进行简略介绍。

（1）财务指标：用于评估企业的财务表现和盈利能力，包括收入增长率、利润率、净利润、毛利润率、现金流量、资产回报率等。

（2）销售指标：用于评估销售团队和市场开拓的效果，包括销售额、销售增长率、市场份额、客户满意度、销售成本、销售渠道拓展等。

（3）用户指标：用于评估企业与用户之间的关系和用户体验，包括用户满意度、用户保留率、用户增长率、用户投诉率、用户忠诚度等。

（4）运营指标：用于评估企业的运营效率和业务流程优化，包括生产效率、工作流程改进、质量指标、交付准时率、库存周转率等。

（5）员工指标：用于评估员工的表现、工作满意度和组织文化，包括员工绩效评估、员工满意度、员工离职率、培训参与率、团队合作等。

（6）创新指标：用于评估企业的创新能力和市场竞争力，包括新产品开发速度、专利申请数量、创新项目成功率、市场领先度等。

（7）可持续发展指标：用于评估企业的可持续发展和社会责任，包括环境友好措施、社会责任履行、员工多样性、供应链透明度等。

以上这些分类仅供参考，实际的关键业绩指标可能会根据企业的特定需求和行业情况进行调整和定制。

关键业绩考核指标设计过程

关键业绩考核指标分为企业级、部门级和岗位级，其中企业级最为宏观，具有根本指导性，但部门级和岗位级更加具有可操作性，尤其是岗位级，做好各个岗位的业绩指标设计，进行整合后就是部门级的业绩指标，再整合就是企业级的业绩指标。企业级、部门级和岗位级关键业绩考核指标犹如点、线、面的关系，做好每一个点，连成最佳的线，再形成最强的面。

关键业绩考核指标的设计从提炼考核指标开始，到识别关键绩效指标，再到设计评价标准，最后是判断指标可操作性。下面逐一进行详细讲解（见图7-3）。

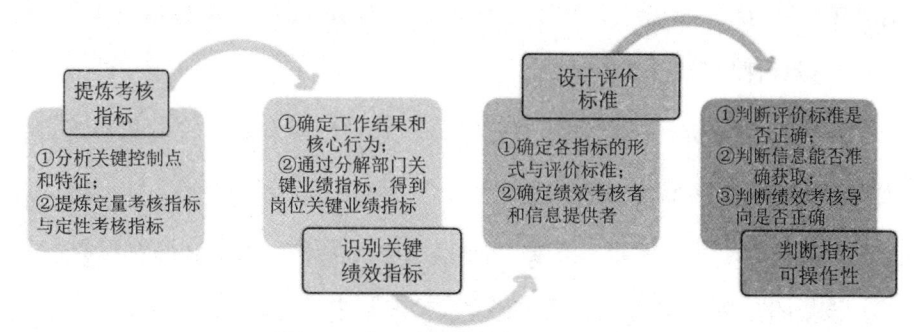

图7-3 岗位关键业绩指标设计过程

1. 提炼考核指标

部门关键业绩考核指标的设计关键点是通过对管理流程和业务流程关键控制点的分析，以及对应的高绩效行为特征的分析，提炼定量考核指标与定性考核指标。

岗位关键业绩考核指标同时涉及部门和个人两个级别，不能只站在岗位的角度，还要站在部门的角度。

2. 识别关键绩效指标

工作结果必须与企业目标相一致，工作结果的达成应有利于企业目标的实现。关键行为一定要选择主要流程的关键控制点的行为，这个行为需要在企业的价值链上产生直接或间接的增值作用。

如果工作结果可以直接定义和衡量，则应选择工作结果作为考核指标；当工作结果难以衡量或获取成本很高时，应选择工作过程中的关键行为作为考核指标。

只有支持企业发展战略，对企业目标的实现能起到增值作用的，并且代表部门核心智能和岗位核心职责的指标，才是企业关键业绩指标。其中，部门关键业绩指标应突出部门工作的重点，通过对企业整体业务价值创造流程的分析，选择对部门绩效贡献最大的方面作为关键业绩指标；将部门关键业绩指标分解后，结合岗位工作职责，可以确定岗位关键业绩指标。

3. 设计评价标准

同一指标评价标准应做到有效区分。这句话说着容易，看着也不难，但做起来还是很考验能力的。

某集团有东北、华北、华东、华南、华中、西南、西北和海外八个分公司，该集团在2018年对分公司销售完成情况制定了考核标准（见表7-1）。

表7-1　某集团2018年（含以前）的销售业绩评价标准

指标名称	指标定义	指标评价标准	信息来源
销售收入	用实际完成数字除以年初预算数字来衡量	①完成90%得0分，每增加1%加1分；②完成100%得10分，每超出1%加1分，最多加5分	财务部

受外部环境影响，该集团2017年各分公司都未完成目标，销售收入的完成比例都在70%~90%。2018年销售收入增长较快，各分公司都超额完成了月度目标，东北分公司、华东分公司和华南分公司的销售收入完成比例超过了120%，其余分公司的销售收入完成比例也都超过了105%。

在既定的评价标准下，2017年各分公司的销售收入得分都是0分，2018年各分公司的销售收入得分都是15分，都在满分的基础上得到了5分的加分。看起来好像所有分公司的差距并不大，但实际情况却是三家达到120%的分公司付出的努力要比其余公司大很多，但因为评价结果没能做到有效区分，导致无法显示差异。为了体现考核的公平性，提升考核对于员工的激励作用，该集团在制订2019年绩效考核方案时将评价标准进行了调整（见表7-2）。

表7-2　某集团2019年（含以后）的销售业绩评价标准

指标名称	指标定义	指标评价标准	信息来源
销售收入	用实际完成数字除以年初预算数字来衡量	①完成80%得0分，每增加2%加1分；②完成100%得10分，每超出5%加1分，最多加5分	财务部

4.指标的可操作性

判断一个关键业绩指标是否具有可操作性，要从指标定义、评价标准、考核结果和考核导向四个方面来看，设定关键业绩指标必须符合SMART原则。

（1）明确的（Specific）。绩效考核指标应是具体的、明确的工作结果或工作行为，而不是抽象的概念描述。

（2）可衡量的（Measurable）。绩效考核指标是数量化或行为化的，前

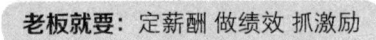

者可以明确定义和精确计量，后者可以准确描述。

（3）可获得的（Attainable）。绩效考核数据信息可以有效获得，如果考核者无法获得绩效考核数据信息或者获取绩效考核数据信息要花费很大成本，那么这样的考核指标便不具备可操作性。

（4）相关的（Relevant）。绩效考核结果应是被考核者的执行结果或执行行为，即被考核者可以决定或影响绩效考核指标的达成。如果绩效考核结果或行为与被考核者无关，或者被考核者不能控制或影响绩效考核结果或行为，那么这样的绩效考核指标就是不合理的和不可行的。

（5）有时限的（Time-bound）。绩效考核应是一段时间内工作的绩效，如果工作目标没有明确的时间期限，那么就不具有可操作性。

绩效考核指标权重的设置

被考核者在一段工作时间内其工作目标往往是复合的，所有涉及的方面几乎都要进行绩效评估，因此就必须设定不同的绩效考核指标。绩效考核指标权重是对各项指标重要程度的权衡和评价，不同的权重会形成不同的评估结果。同时，绩效考核指标权重的分配在一定程度上反映了企业的战略目标和价值导向，向员工指明了工作重点与努力方向，也在一定程度上体现了企业的文化建设与发展。

1.绩效考核指标权重的设置原则

绩效考核指标的权重设计，基本上会根据具体岗位的工作性质和内容而有所不同。关于此可以参考一定的原则，具体如下。

（1）平衡分布原则。基层工作岗位的绩效指标一般在5～10个，每个指标的权重设定在5%～30%（为了便于计算和比较，指标权重一般都是5%的整数倍，最小为5%，最高不宜超过40%）。虽然跨度在5%～40%，但具体设定时不应有太大跨度，即不能过高或过低。过高会引起员工的特别关注，因为员工明白只要做好高的项，绩效考核的成绩就不会低；过低则会被员工忽视，员工也明白低的项做得再好也不能让绩效考核有大的提升。

（2）展露导向原则。绩效是考核员工的，绩效考核的成绩是对应员工的薪酬与发展的，绩效考核的目的是服务企业。因此，从企业发展的角度来讲，绩效考核指标的权重设计必须能够体现企业战略的发展方向，一般有三个高点：①与企业战略目标相关度越高的绩效考核指标的权重越高；②对企业战略目标支持性高的绩效考核指标的权重要高；③综合性强的绩效考核指标的权重要高。

（3）岗位差异原则。从岗位层级来讲，越是靠近高层的岗位，其绩效考核指标中的财务性经营指标和业绩指标的权重越大；越是靠近基层的岗位，其绩效考核指标中与岗位职责相关的结果性指标的权重越大，而过程类指标的权重越小。

（4）重点突出原则。根据"二八原则"，一般一个岗位最重要的绩效考核指标只有2～3个，这就引出了两种情况：①如果有2个绩效考核目标，则两个重要指标的权重都在30%以上，其余指标的权重总和应低于40%；②如果有3个绩效考核目标，则3个重要指标的权重一般在20%

以上，其他指标的权重总和应低于40%。

（5）先量后性原则。对一般岗位而言，根据绩效考核指标"定量为主，定性为辅，先定量后定性"的制定原则，一般优先设定定量类指标权重，而且定量类指标权重通常大于定性类指标权重。

（6）主客观结合原则。绩效考核指标权重反映了企业对员工工作的引导意图和价值观念。当企业认为某项指标很重要，就会加大权重以突出其作用。但现实情况与人的主观意愿往往不能完全一致，因此这就需要在设计权重时考虑现实情况，把主观的引导意图与客观的现实情况结合起来。

2. 绩效考核指标权重的设定方法

在了解了绩效考核指标权重设定原则的基础上，还需选择合适的权重设计方法，制定出具体的绩效考核指标权重。常用的设定方法如下。

（1）主观经验法：依靠具有丰富的操作经验和专业能力的人士的判断，设定绩效考核指标权重。这种方法比较适合规模较小或者发展阶段的企业。如果企业内部缺乏具有相关经验和能力的人，那么可以参考同行业外部企业的经验，选取符合企业自身情况的权重设定方法进行企业绩效考核指标权重的设定。

这种方法实施起来比较简单，但主观性太强，如果缺乏与被评估岗位密切相关的其他参与者的综合判定，那么很可能会造成由一人设定的随意性与不科学性。

（2）等级排序法：罗列出某个岗位所有的绩效考核指标，然后通过两两对比的方法对这些指标按照重要性进行排序，权重对应排列顺序，排列越靠前的指标权重越大，排列越靠后的指标权重越小。

这种方法操作起来相对简单，但也比较主观。而且该方法只能确定各个指标的相对权重，不适用设置指标的绝对权重。

（3）权值因子法：从几个维度去评价绩效指标的重要性，如战略相关性、紧急性、价值性等，然后让专业人士对这几个维度分别进行评分，用加权平均值确定出指标的权重。

这个方法比较专业，是目前较多咨询公司推荐使用的方法。正因为专业所以实施的难度也较大，下面是实施的具体步骤。

第一步，由专业人士组成评价小组，包括人力资源专家、评估专家和相关其他人员。

第二步，制定评价权值因子判断表。

第三步，由各专业人士分别填写评价权值因子判断表（4分、3分、2分、1分、0分）。

第四步，对各专业人士所填的判断表进行统计，并将统计结果折算为权重。

第五步，对权重进行适当的调整（通常调整为5的倍数）。

（4）德尔菲专家咨询法：让一部分专业人士分别对各绩效考核指标进行权重设置，然后由人力资源部门进行汇总平均，把汇总平均后的结果再反馈给专业人士，让他们根据反馈的结果对自己设置的各指标权重分别进行调整，再由人力资源部门进行第二次汇总平均，基本可以确定各指标的权重。

这种方法虽然也有主观性，但因为参与者由该岗位的任职者、上下

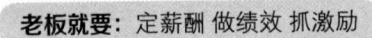

级同事代表、部门负责人、绩效考核负责人及人力资源部门负责人共同组成，必要时还有外部专业人士参与，因而最大限度地降低了主观性，确保了权重设定的科学性和准确性。

总之，在设计绩效考核指标权重时，要考虑企业在不同阶段的发展重点，然后做到根据企业实际情况的变化而变化。

第八章 绩效管理体系设计

绩效考核是企业在既定的战略目标下，运用特定的标准和指标，对员工的工作行为及其取得的工作业绩进行评估，并运用评估的结果对员工将来的工作行为和工作业绩产生正面引导的过程和方法。绩效考核的目的是对组织、个人绩效进行准确识别和有效区分，为激励机制的应用提供基础依据，最终实现企业的目标。

绩效管理体系是以实现企业最终目标为驱动力，以设定关键绩效指标和工作目标为载体，通过绩效管理的三个环节来实现对企业内组织、个人绩效的客观衡量、及时监督、有效指导、科学奖惩，从而调动全体员工的工作积极性，并发挥各岗位优势以提高企业绩效，实现企业的整体目标的管理体系。

绩效管理的三个环节分别为：诊断绩效管理现状，确定绩效考核体系构成，划分绩效考核等级。最终以具体的对企业高级管理层、部门层和基层员工的考核为基础确定团队与个人回报。

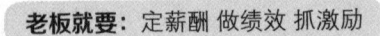

诊断绩效管理现状

有效的绩效管理机制在任何时候都是非常重要的，很多老板都期望能够建立起强效、有力、持久的绩效管理体系，以帮助企业更好发展。但是，想和做是两码事，即使想的再好，做不到也是无用的。因此，很多企业就在渴望获得好的绩效管理而实际却无法实现有效的绩效管理的矛盾中艰难跋涉。作为老板，必须明白一个道理：改进绩效管理没有任何捷径可走，更不可能速成。唯有建立符合自身发展的绩效管理体系并全力执行才能有效改进企业绩效。因此，建立绩效管理体系的第一步是对企业目前的经营管理现状进行诊断，第二步是确定绩效考核体系构成，第三步是进行绩效考核等级划分。本节就来详细阐述第一步，其他两步在接下来的两节中逐一阐述。

关于绩效管理现状的诊断，必须先从企业发展战略入手，将企业的组织结构、岗位管理体系、薪酬管理体系和预算核算体系架设完备，最后是对目标管理的严格把控，如此才是真正实现了诊断全过程。下面对诊断绩效管理现状的全过程进行详细介绍。

1. 企业发展战略

企业必须有清晰的发展战略，否则就不会有明确的发展目标和工作思路。清晰的发展战略可以让企业在面临发展机遇和挑战时，能够及时辨识，适时行动，拥抱机遇。因为发展战略具有强力的目标导向性，它对绩效管理工作也同样具有导向性，可以说发展战略指向哪里，绩效管理就打向哪里。

企业发展战略的诊断主要是通过与企业管理层的深入沟通，判断该企业是否具有清晰的发展战略，这个战略目标在目前条件下是否可行，是否有关键举措支持。

2. 组织结构管控体系

组织结构从企业诞生的那一刻起就存在了，即便在初创阶段只有老板一个管理者，也一样是具有组织结构的。但是，只有一个人的组织结构是无法形成管控体系的，因此企业的组织结构的构成应该适合企业的发展战略。

组织结构的核心问题是如何优化组织的运行效率，重点是解决人、财、物、运营的协调与控制问题，实质是职责与权限分配问题。

企业组织结构管控体系的诊断，可以通过以下几个"判断"来实施。

（1）判断组织结构能否支持企业的发展战略。

（2）判断组织结构是否体现企业的核心价值创造流程。

（3）判断组织层级设计是否合理，部门职能是否清晰。

（4）判断组织结构是否体现责权利相匹配原则。

（5）判断企业指令的下达和贯彻是否体现效率与控制的平衡。

3. 岗位管理体系

岗位管理主要解决岗位责权匹配问题，岗位管理体系包括岗位序列与层级设计、工作分析与岗位设置。岗位序列与层级设计要与企业组织结构相适应，工作分析与岗位设置是确定何种条件的员工适合何种岗位的工作。

通过岗位管理体系的建立,可以明确各岗位的岗位职责、权力、任职资格,以及员工目前的差距和应在哪些方面加强培训。岗位管理体系对绩效管理的作用体现在以下几点。

(1)岗位的特点决定绩效考核体系的设计。某些岗位(如生产岗位、销售岗位等)的工作成果在较短的时间内即可体现出来,则考核周期较短(如月度考核);某些岗位(如高层管理岗位、研发岗位等)的工作成果在短时间内体现不出来,则考核周期较长(如季度考核、半年度考核)。

(2)岗位职责是设定绩效指标的基础。当企业的发展战略做出调整后,组织结构、岗位设置、岗位职责、绩效指标都应随之调整,以适应变化后的情况需要。

4.薪酬管理体系

薪酬体系和绩效体系是紧密联系的,完善的薪酬管理体系能体现内外部公平,具有激励作用。

薪酬管理包括薪酬体系设计和薪酬日常管理两个方面。薪酬体系设计,主要包括薪酬方向确定、薪酬水平定位、薪酬结构设计、薪酬激励机制制定和薪酬模式选择五个方面。薪酬日常管理是由薪酬预算、薪酬支付及薪酬调整三个方面组成的循环。

薪酬预算、薪酬支付、薪酬调整工作是薪酬管理的重点工作。企业在运营过程中,应密切关注其中存在的问题,及时调整薪酬策略,以实现效率、公平、合法的薪酬目标,确保顺利推进薪酬管理工作。

5.预算核算体系

企业必须具备完备的预算体系和核算体系,二者既相互关联,但又彼此分离，不能混在一起，以免让预算不清，使核算难以进行。下面分别对这两个体系进行详述。

（1）预算管理。在企业战略目标的指导下，对未来的经营活动及经营成果进行充分、全面的预测和筹划，并通过对预算执行过程的监控，将实际完成情况与预算目标进行实时对照和分析，从而及时指导经营活动的改善和调整。预算管理需要做好三个方面的工作：①预算的编制过程需要企业掌握设定业绩指标的全面信息；②企业、部门和个人的阶段绩效目标应根据预算目标分解而来；③预算管理和绩效考核、奖惩制度共同作用。

（2）核算管理。对企业的生产经营活动、财务收支情况或预算执行过程及结果，通过记账、算账、报账等手段进行连续、系统、全面的记录、计算、分析、反馈，以便企业经营者能够了解和控制经营过程，挖掘增产节约、增收节支的潜力。其中，收入核算和成本核算是最重要的核算项目，收入能否确认、何时确认，将对企业的经营结果产生重大影响；成本核算的准确与否则会对企业的利润产生重大影响。

6. 绩效目标管理

绩效目标设定得合理与否直接决定着绩效评估结果的有效性。很多企业因绩效目标设定不合理，导致绩效考核推行不下去。应该如何科学、合理地制定绩效目标，并使绩效考核得到有效贯彻执行呢？

基本方法是，企业的使命和任务必须转化为目标，将企业目标分解转化为部门目标，部门目标分解为个人目标。在适宜的约束条件和激励机制下，部门和个人会朝着完成目标的方向努力，绩效考核会根据部门和个人的目标完成情况进行考核评估与奖惩。

绩效目标管理的优越性体现在以下三个方面。

（1）能使各级员工清楚地知道企业的长期目标，从而激发对企业长期发展的信心。

（2）能使各级员工清楚自己对企业的价值贡献，从而激发员工创造更大的价值。

（3）通过平衡长短期目标，促使部门或个人主动维护企业长期利益与短期利益的平衡。

确定绩效考核体系构成

绩效考核体系是由一组既独立又相互关联，并能较完整地表达评价要求的考核指标所组成的评价系统。

构建绩效考核体系主要是为了明确由谁负责考核、对谁进行考核、多长时间考核一次、在哪些方面考核、绩效考核结果如何应用等方面的问题。因此，绩效考核体系的构成也由这五个方面构成（见图8-1）。

图8-1　绩效考核体系的构成部分

1. 绩效考核者——由谁负责进行考核

对于大型企业来说，可以成立绩效管理委员会或绩效考核小组等类似机构来全面负责绩效考核制度的制定、实施、监督与反馈工作；中型企业可以让人力资源部门具体负责绩效考核的相关工作，但前提是要有高层管理人员和各部门的支持与配合；小型企业一般受限于自身实力和人数，由企业经营者亲自负责或由企业经营者指定的专人负责，该指定的专人既需要被授予绩效考核的相关权限，也要受到一定的约束，以免权力滥用。

在实务操作中，无论企业的规模大小，采用何种绩效考核方式，一般都采用自上而下的考核顺序。而且，考核者的权力是要超越部门组织的，具有独特性。

2. 绩效被考核者——对谁进行考核

在实际中，很多企业将考核者作为绩效考核的主体，一切资源和便利条件向考核者倾斜，这样做的目的是希望绩效考核工作能够顺利进行。然而，这就忽略了一个重要的问题，即企业利润的创造者是谁？毫无疑问，是企业各层级员工创造了企业利润，推动了企业发展。因此，企业发展的主体是各层级员工，以及各层级员工的具体贡献。

在明确了上述关系后，就能明白被考核者才是绩效考核的主体，所以要对被考核者的类别进行明确划分。一般被考核者会被分为团队考核和个人考核两大类。其中，团队考核是对企业整体和部门的考核，个人考核是对企业高层和员工个体的考核。

3. 绩效考核周期——多长时间考核一次

绩效考核周期，通常分为固定时间间隔和非固定时间间隔两类。固定时间间隔，包括年度考核、半年度考核、季度考核、月度考核，除年度考核外，其他考核都是阶段性考核；非固定时间间隔一般指一个项目／任务完成后进行考核，如果项目／任务的时间跨度较大，应将该项目／任务分为几个阶段（里程碑），每个阶段结束时进行阶段考核。

为了丰富绩效考核方式，让绩效考核能尽量兼顾到工作的每个时间节点，可以选择某一时段或者是适当缩短考核周期，如采用周考核或日考核的方式，但这种作为日常管理手段的考核并不是真正意义的考核，不应与绩效工资和奖金相关。

4. 绩效考核内容——在哪些方面考核

绩效考核内容是绩效考核体系的核心，包括目标责任、关键业绩、能力素质、员工（或用户）满意度等方面，不同内容适用不同的考核主体。具体应包含哪些考核内容，应结合企业实际情况而定。

一般情况下，绩效考核内容离不开工作业绩、工作能力、工作态度三个方面，针对不同部门和不同岗位的员工的考核权重不同。所以在进行绩效考核时，各部门应根据各岗位职责的具体要求，确定其权重所占比例的大小。

（1）工作业绩。对此方面的考核内容分为三种：①任务绩效，与岗位工作内容紧密相连，主要考核员工对本职工作的完成情况；②管理绩效，主要针对行政管理类人员，考核其对本部门或下属人员管理的情况；③周边绩效，与企业经营特征相关联，是针对相关部门工作结果的考核。

（2）工作能力。针对该方面的考核内容分为两种：①专业技术能力，主要是对员工的能力是否适合所在岗位或是否称职的考核；②综合能力，是对员工为完成本职工作所需的其他综合能力的考核。

（3）工作态度。主要考核员工对待本职工作的态度和平时的工作作风，其考核指标可以从工作主动性、工作责任感、工作纪律性、工作协作性、考勤状况五个方面设定具体的考核标准。

5.绩效考核结果——考核结果如何应用

绩效考核结果一般采取100分制，团队考核内容一般分为关键业绩和满意度两个部分，个人考核内容一般由关键业绩和能力素质两部分组成。

根据绩效考核分数将被考核者划定为若干个等级，目的是准确识别和有效区分考核优秀者、良好者、合格者、不合格者，然后根据相关规定分别对其进行奖惩。

划分绩效考核等级

绩效考核结果包括绩效考核分数、绩效考核等级、绩效考核系数等不同范畴。其中，绩效考核分数是需要通过具体考核得到的，下面不做阐述。绩效考核系数由绩效考核结果转化而来，目的是实现调节薪酬分配的功能。部门绩效考核系数和个人绩效考核系数均定义为百分制，考核结果取百分率。员工工资计算方法如下：

员工工资＝基本工资＋年功工资＋全勤奖＋∑（岗位技能工资＋绩效工资）×部门绩效考核系数×（个人岗效工资之和×个人绩效考核系

数）÷∑部门（个人岗效工资之和×个人绩效考核系数）

其中，"个人岗效工资之和"＝岗位技能工资＋绩效工资。

与绩效考核系数有关的绩效奖金计算通常涉及两种方式，具体内容如下。

一种是月度绩效奖金计算。每月从个人该月基本工资中提取10%作为个人奖金基准金额，按实际达成效果之优劣核算奖金金额。计算方法如下：

月度绩效奖金＝该月基本薪资×10%×部门系数×个人考核等级系数

另一种是年度绩效奖金计算。一般情况下，绩效考核系数根据年度利润报告而定。计算方法如下：

年度绩效奖金＝系数×连续工作月数×基本工资÷12×评分百分率

介绍了绩效考核系数（虽然看似与本节标题无关，但却与本节内容密切相关），接下来介绍绩效考核等级。合理划分绩效考核等级对绩效考核的有效性至关重要，划分等级主要包括两个方面的内容。

1. 划分多少等级

绩效考核等级一般分为优秀、良好、合格、不合格，即优、良、可、差四个等级。这样的等级划分最为合理，能够清晰标识清楚考核结果，"优秀"为可多奖励等级，"良好"为少奖励或不奖励等级，"合格"为不奖不罚但给予警告等级，"不合格"为处罚等级。也有的企业在这四个考核级别的基础上或增加或删减，目的是让其更适应本企业的实际情况。如在上面四级基础上增加"待改进"等级，将其加在"合格"与"不合格"

等级之间，再增加"很差"等级为最末级；又如删减一级，只设置好、中、差三个等级，"好"为奖励等级，"中"为不奖不罚等级，"差"为处罚等级。

根据不同企业的不同实际情况，划分绩效考核等级的方式各有不同，但绩效考核等级设置得多少会给企业运行带来不同的影响。

（1）划分等级多——对绩效考核效度要求较高，激励效果较强，但对被考核者的压力较大。

（2）划分等级少——对绩效考核效度要求较低，对被考核者的压力较小，但激励效果较弱。

2. 如何确定等级

绩效考核等级的确定，意味着绩效工资和奖金数额的差别，以及能否得到工资晋级和岗位晋升。划分绩效考核等级的方式主要有三种。

（1）分数确定法。即根据绩效考核分数直接确定等级，这是当前最普遍采用的方式。假设绩效考核分数为 X，则 $X \geqslant 90$ 分为"优秀"，80 分 $\leqslant X < 90$ 分为"良好"，70 分 $\leqslant X < 80$ 分为"合格"，$X < 70$ 分为"不合格"。

（2）强制排序法。该方法是将一定范围内的员工根据绩效考核分数，按照从高到低的顺序进行排序，再根据排序结果及各等级员工规定比例划分为各个等级。某公司对下属的县区分公司的月度绩效考核结果的制度规定为：位于总分前两名的分公司的考核结果为"优秀"，处于总分最后一名的分公司的考核结果为"不合格"，其余分公司的考核结果均为"合格"。其中，考核结果为"优秀"的分公司的月度考核员工的"优秀"比例不能超过40%,考核结果为"合格"的分公司的月度考核员工的"优秀"比例不能超过20%,考核结果为"不合格"的分公司的月度考核员工的"优秀"比例不能超过"5%"。

（3）综合法。该方法就是综合上述两种方法的优点,一方面通过分数范围对考核等级进行强制规定,另一方面通过强制排序来确定各等级人员的比例。某公司的制度安排见表8-1。

表8-1 某销售公司对下属分支机构员工绩效考核结果的制度安排

分支机构考核分数	员工考核结果比例			
	优秀	良好	合格	不合格
90分（含）以上	不超过40%	不超过30%	不超过20%	不超过10%
80分（含）~90分	不超过30%	不超过20%	不超过20%	不超过10%
70分（含）~80分	不超过20%	不超过20%	不超过30%	不超过10%
60分（含）~70分	不超过10%	不超过30%	不超过40%	不超过20%
59分（含）以下	不超过0%	不超过30%	不超过40%	不超过30%

对企业及企业高层的绩效考核

在对企业及企业高层管理人员进行考核时,必须将二者分开来看,即便是企业的最高领导者,即老板也不能在考核上代表企业,而是要将其纳入企业高层管理人员的范畴,因此不对老板的绩效考核做单独讨论。

1. 企业整体的绩效考核

对企业进行绩效考核,一般由董事会负责与经营层签订《年度经营目标责任书》。对于独资或控股子公司，根据企业治理结构的不同，由子公司董事会或集团经营层与子公司签订《年度经营目标责任书》，年末由董事会或集团经营层负责根据年度业绩完成情况进行考核评价。为更好地监督检查企业战略执行及目标完成情况，子公司经营层应向子公司董事会或集团经营层进行半年度业绩述职。

公司整体考核结果应与企业主要负责人的绩效考核挂钩，根据考核分数确定并与薪酬激励挂钩。

2. 企业高层管理人员的绩效考核

对企业主要负责人（含老板）的绩效考核通常由上级部门组织进行，一般情况下可等同于企业整体考核结果。对于企业其他高层管理人员的考核主要有下几种方式。

（1）如果企业规模不大，其他高层管理人员数量也不多，可以采取企业整体业绩与所有高层都等同的方式，将企业年度业绩完成情况与每位高层管理人员的年度薪酬挂钩。

（2）对于分管具体业务的负责人，可以将其年度薪酬与所签订的《年度目标责任书》挂钩；对于其他职能部门的负责人，其年度薪酬可与企业整体业绩挂钩。

（3）由企业组织，对其他高层管理人员进行年度关键业绩考核和年度能力素质考核，由此所得出的年度考核分数由目标责任分数、关键业绩分数和能力素质分数综合确定。

下面以案例的形式具体解释如何对企业及企业高层管理人员实行绩效考核（见表8-2）。案例中只是部分截取，仅供参考。

表8-2 某企业及企业高层管理人员的绩效考核（部分）

四、公司年度考核

由公司绩效考核委员会负责组织制定公司年度绩效目标，包括利润、实际收入和合同额。

年度由绩效考核委员会负责对公司业绩进行考核评价。

五、公司年度绩效考核分数及公司年度激励系数

年度绩效考核分数=利润÷目标值×60+实际收入÷目标值×20+合同额÷目标值×20。

年度激励系数确定标准如下：

（一）分数达到100分，年度激励系数=1+（分数÷100-1）×2，最高为3。

（二）分数低于100分高于60分，年度激励系数=分数÷100。

（三）分数低于60分（含），年度激励系数为0。

考核指标说明如下：

（一）利润。根据权责发生制原则，将会计年度财务利润进行一定调增或调减。调增情况为：公司垫资开发项目，以实际成本支出匹配相应收入；项目未全部回收款项情况，以实际回收款项匹配成本确定项目利润。调减情况为：存在大额预售款项情况，未超过50万元；以前年度存在调高利润项目，预期收入款项在年度内按期或未按期回款情况。

（二）实际收入。以当年实际回款金额确定。

（三）合同额。有审计结果的按审定值确定，无审计结果的按合同额计算。

六、中、高层管理人员年度考核

由人力资源部根据各岗位职责履行情况以及年度内是否出现重大问题提出意见和建议，征求决策管理者意见后提交绩效考核委员会讨论确定。

（一）无重大失误，考核系数为1.5。

（二）由于能力欠缺导致工作任务未完成或出现失误，考核系数为1。

（三）由于责任心缺失或存在舞弊行为导致工作任务未完成或出现失误，考核系数为0.5。

（四）有故意损害公司利益的行为，考核系数为0

对部门/团队及负责人的绩效考核

企业一般都会有下属的若干部门，负责不同性质的工作，无论是业务类部门，还是职能类部门，都对企业的发展作出了贡献，因此在对部门进

行绩效考核时要一视同仁。但一视同仁绝对不是搞平均主义，不是各个部门都一样，而是需要进行类别划分，通常对企业发展有直接贡献的业务部门的考核系数较高，对企业发展有支持性贡献的部门的考核系数较低。但并非考核系数较高的部门就一定会拿到高的绩效奖金，具体还要看绩效考核体系的设计和对员工的激励效果。

同时，对部门/团队及负责人的绩效考核还应通过切割时间线的方式，来划分年度考核（或项目考核）和阶段考核。

1. 部门/团队及负责人的年度考核（或项目考核）

针对部门/团队的年度考核包括企业业务管理部门、职能部门以及各生产单元。其中，生产单元还包括生产企业的生产车间、工厂/公司的项目部、连锁经营公司的直营店、技术服务公司的业务部等。

年度考核（项目考核）更注重结果。企业在将年度经营目标分解至各个部门（或项目组）后，应组织与各部门（或项目组）签订《年度经营目标责任书》，年度考核（或项目考核）于次年年初（或项目结束后）根据各部门经营目标完成情况进行绩效考核。

部门/团队负责人也应进行年度考核（或项目考核），考核结果以部门年度考核（或项目考核）分数为主，同时要考虑部门（或项目）阶段关键业绩考核、部门（或项目）满意度考核以及个人能力素质考核等因素。

2. 部门/团队及负责人的阶段考核

阶段考核可以是月度考核，也可以是季度考核或者是半年度考核。阶段考核更注重过程控制与结果相结合，即将目标责任分解后的完成情况反映在阶段考核中。

对部门/团队的阶段考核一般以关键业绩考核为主，同时加入满意度考核，部门/团队的阶段考核结果可以根据关键业绩得分与满意度评价得分计算得出（满意度所占权重较小，以 10%～20% 为宜）。

对部门/团队的阶段考核一般由企业分管领导提出相应考核指标及绩效目标，经总经理审定后执行。其他有关部门应提供相关考核数据，并对有关考核指标进行评价、说明。

下面以案例的形式具体解释如何对部门/团队及负责人实行绩效考核（见表 8-3）。案例只是部分截取，仅供参考。

表 8-3 某公司的部门/团队及负责人的绩效考核（部分）

第四部分　部门及管理岗位的年度绩效考核
第八条　生产部年度绩效考核结果根据目标责任书考核结果确定，生产部管理岗位年度绩效考核根据年度目标考核分数和季度绩效考核分数确定。 第九条　公司总经理与生产部经理签订目标责任书，绩效指标由权重指标和非权重指标构成。由人力资源部负责组织进行监督绩效考核，由绩效考核委员会负责进行考核评定。 　（一）生产部年度绩效考核分数及生产部年度激励系数确定。年度绩效考核分数=收入÷收入目标值×40+利润÷利润目标值×30+产值÷产值目标值×20+非权重指标得分；各项指标所占分值根据年度战略发展目标调整确定；非权重指标包括安全生产、现场作业等。 　（二）生产部年度激励系数确定。部门年度绩效考核分数≥100分，绩效考核系数为1.5；部门年度绩效考核分数≥90分，且<100分，绩效考核系数为1.0；部门年度绩效考核分数≥80分，且<90分，绩效考核系数为0.8；部门年度绩效考核分数≥70分，且<80分，绩效考核系数为0.6；部门年度绩效考核分数≥60分，且<70分，绩效考核系数为0.4；部门年度绩效考核分数<60分，绩效考核系数为0。 第十条　生产部管理岗位年度绩效考核分数=部门年度绩效考核分数×50%+部门季度绩效考核分数×50%。 　生产部管理岗位年度绩效考核分数≥90分，为优秀等级；年度绩效考核分数≥80分，且<90分，为良好等级；年度绩效考核分数≥60，且<80分，为合格等级；年度绩效考核分数<60分，为不合格等级。
第五部分　部门及管理岗位的季度绩效考核（阶段考核）
第十一条　公司对各部门和中层岗位进行季度关键业绩考核，关键业绩指标由权重指标和非权重指标两部分组成。 第十二条　由总经理根据公司年度绩效目标分解，结合公司工作目标及重点工作，选择确定各部门季度绩效考核指标、权重、绩效目标及相应的评价标准。

续表

> 第十三条 考核评价首先由各部门进行工作自述，各有关部门和分管领导负责提供相关考核指标绩效数据信息，人力资源部负责统计汇总有关数据信息，由公司绩效考核委员会负责考核评价，董事长审核批准。
>
> 第十四条 部门季度绩效考核分数≥90分，为优秀等级；部门季度绩效考核分数≥80分，且<90分，为良好等级；部门绩效考核分数≥60分，且<80分，为合格等级；部门季度绩效考核分数<60分，为不合格等级。
>
> 第十五条 部门负责人季度绩效考核分数≥90分，为优秀等级，对应考核系数为1.2；部门负责人季度绩效考核分数≥80分，且<90分，为良好等级，对应考核系数为1.0；部门负责人季度绩效考核分数≥60分，且<80分，为合格等级，对应考核系数为0.6；部门负责人季度绩效考核分数<60分，为不合格等级，对应考核系数为0

对普通员工的考核

对普通员工的绩效考核一般以关键业绩为主，根据阶段绩效考核结果确定，同时考核能力素质因素。可以制定年度任务目标，并将任务目标分解到季度，年度考核注重结果，季度考核注重过程。

下面以案例的形式具体解释如何对普通员工进行绩效考核（见表8-4）。案例只是部分截取，仅供参考。

表8-4 某公司的员工绩效考核（部分）

> **第二部分 员工季度绩效考核**
>
> 第十三条 由各部门负责组织对本部门员工进行季度绩效考核。季度绩效考核内容分为关键业绩指标和能力素质指标。绩效考核得分=关键业绩得分×60%+能力素质评分×40%。
>
> 第十四条 由各部门负责人负责填写各岗位工作重点及阶段目标，由部门负责人选择确定各岗位绩效考核指标、各指标权重、绩效目标、评价标准等，并组织考核。由各部门负责人进行关键业绩评价；由各部门负责人填写评价意见，并协助制订绩效改进计划。

续表

第十五条 能力素质考核分为职能部门员工能力素质考核和业务部门员工能力素质考核。

职能部门员工能力素质考核由本部门负责人根据员工能力素质发展要求,提出能力素质考核指标,各考核者权重如下:

(一)职能部门主管级员工由总经理、分管领导、部门负责人分别考核,考核权重为总经理占30%、分管领导占30%、部门负责人占40%。

(二)职能部门其他员工由分管领导和部门负责人分别考核,考核权重为分管领导占40%、部门负责人占60%。

(三)业务部门主管级员工由总经理、部门负责人、项目负责人分别考核,考核权重为总经理占30%、部门负责人占40%、项目负责人占30%。

(四)业务部门其他员工由部门负责人和项目负责人分别考核,考核权重为部门负责人占50%、项目负责人占50%。

第十六条 员工季度考核分数≥90,为优秀等级;员工季度绩效考核分数≥70分,且<90分,为合格等级;员工季度绩效考核分数<70分,为不合格等级。

第三部分 员工年度绩效考核

第十七条 由绩效考核委员会负责组织对员工进行年度考核评价,考核评价包括关键业绩和综合测评,年度考核分数=关键业绩考核分数×80%+综合测评分数×20%。

员工年度绩效考核分数≥100,为优秀等级;员工年度绩效考核分数≥80分,且<100分,为良好等级;员工年度绩效考核分数≥60分,且<80分,为合格等级;部门季度绩效考核分数<60分,为不合格等级。

员工年度绩效考核系数等于年度绩效考核分数除以100取1位有效数字,最低为0,最高为2。

第十八条 其他岗位由各部门负责根据员工季度考核分数确定员工年度绩效考核等级,经绩效考核委员会审核后生效

下篇　激励篇

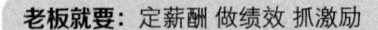

第九章　激励对企业管理的重要性

许多企业由于自身活力不足，或管理不善，使企业经营陷入困境，资产负债率居高不下，最终造成了整个企业的内部效率和外部竞争力双重低下，且难有起色。事实证明，这些逐渐丧失生存发展能力的企业的主要症结在于不能形成有效的激励，难以激发员工的工作积极性和满意度，致使劳动效率和工作努力程度普遍不高，导致企业人才流失严重，丧失了核心竞争力。而那些发展潜力巨大且具有竞争优势的企业，其成功的必要条件之一就是通过完善的激励机制调动员工的工作积极性，使其能够主动、认真、加倍地做好各项工作。

激励是指通过一定的行为规范和惩罚性措施，来激发、引导、保持和归化人的行为，使人生发出一股内在的动力，向所期望的目标前进。合适的激励机制对企业的发展至关重要，企业通过奖励、识别、赞赏或运用其他刺激措施鼓励员工积极参与工作、提高工作表现、提升归属感和荣誉感。

实现企业人力资源目标

人力资源是企业综合竞争力的源泉，也是企业实现可持续发展的核心战略资源。企业人力资源管理的主要内容是企业人力资源的管理和开发。而人力资源的管理和开发的核心内容是根据各种理论和原则，运用各种方式和方法完成对企业不同层次、不同范围、不同阶段的各种人员进行激励。

可见，企业人力资源管理与激励机制是相辅相成的，二者既相互独立各成体系，也相互关联形成联动。用一句更简明的话解释就是，人力资源管理就是帮助企业发现人才、使用人才、留住人才和构筑人才体系的过程，并且通过运用激励机制，给人才创造足够发挥的空间，让人才在最大自由度和积极性的状态下更好地服务企业。

因此，在一些管理学教材中，"现代企业的人力资源管理系统等同于现代企业的激励系统"的表述是有实质性道理的。但不能在模糊认知的基础上将二者关联起来，那样会让这两个概念在某种情况下产生混淆，导致人力资源管理工作实施艰涩，激励机制也不能被有效贯彻执行。

人力资源管理是运用科学的思想和方法，建立起招聘、选拔、培训、薪酬等管理系统，对企业内外相关人力资源进行有效整合与运用，从而满足企业当前和未来发展的需要，保证企业目标的实现。

激励机制是通过设置能够促进和指导员工形成动机的需要，引导员工的思维和行为指向人力资源目标的过程。

人力资源管理和激励机制无疑都是围绕"人"展开的，毕竟企业就是由若干个员工个体组成的，具体的工作也要由这些个体来完成。但个体只有经过有效的组织才能形成整体，也必须通过执行有效的激励机制才能拥有战斗力。

任何企业，无论类型、规模和发展阶段，都必须依靠"人"来保证企业的正常生产经营的原动力，"人"的整体素质和技能不断进步，会为企业带来更大的经济效益，反之，则会受到综合实力不断减弱的影响，最终被市场淘汰。人力资源管理工作的最终目标就是通过不同的方式、方法完成对企业"人"的激励。企业在进行人力资源管理结合激励机制的过程中，需要做到以下三点。

（1）制定人力资源管理政策时必须注重与企业的实际发展情况相结合。

（2）制定激励机制时需保留一定的灵活性，在确保人力资源工作质量达标的基础上，激发员工的工作热情。

（3）必须使人力资源管理体系的安全性与科学性得到保证。

企业的激励作用是通过人力资源管理实现的，在促进企业正常发展运营的同时，为企业效益不断提升奠定基础。

企业管理的目的，就是要激励员工，要使员工的目标与企业的目标相统一，使得企业内的所有员工增强对本企业的责任感和使命感，积极为实现企业的目标服务。最终在实现员工目标的同时，实现企业目标。

管理学大师彼得·德鲁克谈到关于"激励员工创造最佳绩效"时说："唯一有效的方法是加强员工的责任感，而非满意度。"

完善组织结构

在企业经营管理的过程中，需要不同类型的人员来维持企业运行，每个员工的心理素质、个性特征、技术能力和可开发潜能都不相同，这就要求企业在向组织架构内安排员工时要能做到因材而用，并在其后的激励行为中继续因材而定，激励员工成长与创新，进一步加强并完善组织结构。

某互联网公司最初采用传统的薪酬制度，员工的工作积极性和创新能力都很有限。后来决定引入股权激励计划，通过给予高绩效、高能力值、高贡献度的员工一定比例的股份，让优秀员工成为公司的股东，激发员工的工作积极性和创造能力。

在实行股权激励计划后，该公司成功地吸引了大量优秀人才，员工的工作积极性和创新能力得到了极大的提高。同时，该计划也促进了企业的创新和发展，完善了企业的组织结构，提高了企业的市场竞争力。

员工激励是既简单又复杂的问题。之所以说简单，是因为激励就是通过物质和精神的奖励给予人们鼓励，说复杂是因为激励还关联着企业的组织结构。

组织结构是将组织中各项工作拆分成若干不同的任务，再协调整合起来以实现工作目标的各种方法的总和。组织结构是企业的流程运转、部门设置及职能规划等最基本的结构依据。正是因为组织结构具有的排列顺序、空间位置、聚散状态，所以各要素之间可以在激励关系里更清晰地呈现出矛盾点和排斥点。

例如，某图书公司对销售岗位的激励是按成交量的多少来确定的，成交的稿件数量越多，销售人员的工资就越高。为了提升成交量，销售人员会在与用户联系的过程中，许下一些难以实现的空头诺言，希望编辑在组稿时帮助填"坑"。但编辑的激励是按照字数来确定的，只要编辑能够按照要求完成稿件，就能多劳多得。所以销售之前挖下的"坑"，编辑不予理会，交上去的稿子就会因为无法兑现诺言而遭到用户的非议。

如果没有相关激励机制，销售人员可能就不会为了成交量而许诺，那么这个矛盾点就不会爆发，但企业的效益也难以在温吞水一般的营销情况下得到发展。

企业要想进一步发展，就必须采用激励制度，但前提是必须协调好各部门、各岗位间因为执行激励制度而可能产生的利益冲突。要完善企业职能部门管理制度，明确企业管理系统，保证各个部门避免出现影响合作的问题。建议企业制定和推行精细化管理模式，以便对每个环节进行层次化管理。同时，也要处理好激励人员之间的关系，对整个激励过程进行优化，保证员工能够在岗位上履行自身职责。

作为企业管理者，必须明白组织结构的形式是多样的，尤其是越简单的组织结构，越便于组织中纵向和横向的沟通协调。如果组织结构层次较多，上下级之间关系疏远，沟通信息易发生失真，所以扁平式组织结构效果更好。

但限于经营的实际情况，不能要求所有企业都采用扁平式组织结构。况且，扁平式组织结构要多扁才算合格呢？这一点并没有明确的范围规定，需要根据企业的实际情况而定。

综上所述，在当前的企业管理实践中，激励的方式已不只限于物质激励和精神激励，从组织结构上也能发现其与激励机制具有密不可分的联系，二者相互作用、相互影响。激励机制对于完善组织结构有着重要的作用，可以激励员工成长、增强员工的归属感和忠诚度、促进组织的创新和发展等，从而更好地适应组织结构的变化。

激发工作积极性

激励，简单来说就是激发和鼓励。激发是对人的动机进行刺激，鼓励是对人的行为趋向加以控制。人的动机产生于人的需要，人的行为来源于人的动机。

在现代企业管理中，激励是通过设置需要，促进、诱导员工形成动机，并引导员工行为指向目标的活动过程。一个企业是否具有生机和活力，能否不断发展，不断创造出更大的价值，其员工队伍的工作状态是非常重要的因素，即员工对企业的工作责任感不可或缺。员工的工作责任感主要由企业的激励机制产生，如果激励机制好，则员工的工作责任感强；如果激励机制不好，则员工的工作责任感弱。所以，激励是企业发展的动力源泉，在一定程度上决定了企业的兴衰。

哈佛大学的威廉·詹姆斯教授在对员工激励的研究中发现，按时计酬的分配制度仅能让员工发挥20%～30%的能力。很显然这样的工作状态是不合格的，但大部分企业的员工就是在用这一点能力完成工作。詹姆斯教授的研究同时发现，如果员工得到了充分的激励，则工作能力可以提升至80%～90%，两种情况之间60%的差距就是激励的差距。

导致差距跨度如此之大的原因在于是否进行了科学、有效的激励，科学、有效的激励制度具有一定的竞争精神，其运行过程能够创造出一种良性的竞争环境，进而形成良性的竞争机制。良好的激励机制一旦形成，就会作用于组织系统本身，使组织始终处于稳定向上的状态，并进一步影响整个企业的生存和发展。

在与激励相关的企业管理中，员工从过去非常关注物质奖励逐渐过渡为越来越关注物质奖励之外的其他激励因素，即物质激励之外的其他各种因素对激励机制的影响日渐增强，单纯的奖金正在逐渐失去原本的激励作用，逐渐沦落为保健因素。而工作环境、企业前景、个人职业生涯发展等因素，正在成为激励员工的重要因素。

单纯的奖金激励，可以提高员工的工作动力和工作满意度，但不能增加员工对于工作的成就感和对于企业的归属感。只有在感受到自己的工作得到普遍认可时，才能激起一直潜藏在内心的追求卓越的欲望，才能感受到工作带给自己的意义，也才能激起最深层的为个人理想努力拼搏的意愿。在追求卓越的欲望、感受工作的意义和实现个人理想的奋斗的多重加持下，会在员工的内心汇聚成为实现企业目标进而实现个人目标而努力的斗志。这样的斗志足以推动员工努力工作、积极进取，以更高的工作效率和质量完成工作任务。

某零售公司的CEO深刻理解激励对激发员工动力的重要性，在该公司建立了一个员工表彰计划，每月评选出优秀员工，在员工大会上公开表彰他们对公司的具体贡献，并根据具体贡献和绩效结果将每名员工所获得的物质类激励公布出来，极大地刺激了员工的好胜心，大家都暗中较劲，要在下一次员工大会上让自己名列前茅。此外，该公司还开展了内部培训和制订了发展计划，有针对性地提供给员工提升技能和职业发展的机会。这样的多重激励机制最大限度地激发了员工的工作积极性和对公司的高度认同感。

当然，企业在制定激励政策时必须根据自身经营的实际情况，也必须充分了解员工的需要和需求结构的变化趋势，可以采用开展市场调研、员工访谈、困难员工帮扶等方式，制定激励措施，从而将激励做到员工的心坎上，落实到员工最需要的方面，这样才能收到实效。

此外，激励机制还可以促进团队合作和协作精神。当员工的个人贡献和所在的团队成就受到认可和奖励时，他们更愿意与同事开展合作，共同实现共同目标。这有助于建立一个积极的工作环境，提高团队绩效和创造力。

总之，实行激励管理可以激发员工的内在动力，鼓舞员工士气，提高员工素质，增强组织凝聚力，提高工作效率，调动员工的积极性和创造性，让企业充满活力。

提高员工自我素质

经营管理企业,有两个问题必须经常自问用以自省——如何能使企业在激烈的市场竞争中立于不败之地?企业长久发展的动力在哪里?

解决这两个问题的核心都在人才上,也就是人力资源管理。无数优秀企业的实践经验已经告知世人:人力资源作为现代企业的一种战略性资源,成为企业发展的关键因素。

要想让战略资源被充分利用,必须先进行深度开发。激励则是人力资源开发的重要手段,它表现为对员工的需求予以适当满足和对欲望加以适当限制,是员工在追求既定目标时的意愿程度。

人力资源就是作用于人的因素,而人的因素是最积极、最能动的因素。企业的人力资源情况和人员素质状况成为影响企业人力资源配置效果、影响组织单位生存和发展的主要因素。

人员素质包括身体素质和心理素质两大方面。其中,身体素质包含体质、体力和精力,心理素质包含文化素质(学校教育、自我学习、社会化)、品德素质(政治、思想、道德)、智能素质(知识、智力、技能、才能)。若想提高企业效率,增强竞争力,就必须重视员工的素质培养和提高,实行科学的激励机制是提高员工各方面素质的有效途径。

激励是企业遵循人的行为规律,根据激励理论,运用物质和精神相结合的手段,采用多种有效的方式方法,最大限度地激发下属的工作积极性、主动性和创造性，以保证企业目标的实现。

激励对提高员工素质的重要作用，还可以从后天的学习和实践方面得到验证。因为人的素质构成既有先天因素，也有后天学习，主要的决定因素还是后天学习。通过学习和实践，员工的素质能得到提高，可以从当前水平发展到更高的水平。通过激励控制和调节员工的行为趋向，会给学习和实践带来巨大的动力。例如，对忠于职守、努力学习专业知识和技能的员工进行大力表彰；对安于现状、不思进取的员工给予必要惩戒；对业务熟练，在工作中有突出贡献的员工进行奖励；对业务能力欠缺又不肯钻研，在工作中有重大失误的员工给予适当惩罚……通过有制度可循的奖惩机制，让员工对自身行为可能获得的奖励或处罚都能了解，才有利于将激励效果更好地发挥出来。当激励让员工感到满意、处罚让员工受到震撼时，这种奖一励百、惩一儆百的作用才能得到真正体现，有助于员工形成良好的求上进的风气，提高员工的业务素质，培养员工的综合素养，扩展员工的发展空间。

实践证明，激励机制能更好地促使员工自我需要的实现，这个过程从激励开始，是顺序发展的（见图9-1）。

企业中采用激励措施，满足员工自身需求

最大限度地提高员工积极性，同时为了获得更多的激励而努力

员工在工作中不断加强学习，提高自身专业技能和综合素养

每一位员工能够更好地完成各项工作，保证企业目标的实现

图9-1　激励机制的作用历程

总之，激励措施可以激发员工的创新性思维和工作积极性。当员工知道他们因为自身工作出色而有机会获得奖励或晋升时，会更愿意进行扩展性思考，主动提出新的想法和解决问题的方法。

最后，以彼得·德鲁克的话结束本节："激励机制作为对人的一种评价，也是一种教育方式，在提高人的素质、促使人的全面发展上具有重要作用。"

增强企业凝聚力

根据"期望理论"，团队提升士气是"成功的概率""报酬的确实度""报酬的吸引力"三个因素的乘积。

通常而言，成功的概率是难以直接控制的，因为影响成功的因素有很多，一些是常规的，一些是非常规的，一些是可预见的，一些是不可预见的，往往非常规的不可预见性因素是影响成功的最重要因素。

报酬的确实度是可直接控制的，在经营企业方面则可代入为绩效与薪酬的关系，当与员工的努力挂钩时，这项因素就是可调控的。即员工有怎样的付出和贡献（绩效），对应获得怎样的报酬（薪酬）。如果薪酬与绩效相当，则说明报酬是合理的；如果薪酬与绩效不相当，则报酬可能是有吸引力的，也可能是缺乏吸引力的，要结合报酬与绩效的具体情况而定。当薪酬标准高于绩效结果时，则报酬有吸引力；当薪酬标准低于绩效结果时，则报酬没有吸引力。

可见，报酬是否具有吸引力也是可控项，企业如果想要通过奖励来达成所想，那么奖励能否打动员工就是非常现实的问题。

激励员工一定离不开物质方面的，但也同时离不开精神层面的，企业需要两手抓，两手都要硬。当员工感到自己的工作得到认可和回报时，他们更容易感到满足和满意。这有助于建立积极的企业文化，增强员工对企业的忠诚度。当员工对企业有了忠诚度时，更有可能留在企业并长期投入工作，减少员工流失率，进一步增强员工对企业的归属感。

行为学家通过长期的调查和研究发现：对一种个体行为的激励，会导致或消除某种群体行为的产生。也就是说，激励不仅直接作用于个人，还间接影响周围的人。所以，激励有助于形成一种竞争氛围，它对整个组织都有着至关重要的影响。

很多老板既渴望又害怕企业内部形成竞争氛围，渴望是因为竞争可以让员工更有进取心、更加上进，害怕是因为员工之间可能会为了各自的利益而互相排斥和防备，无法形成协作。这样的担心虽然是有必要的，但却是不正确的。因为企业内部必须形成竞争机制，不能让"摸鱼"的员工和勤奋的员工有差不多的待遇。但也要防范只形成竞争，而没有协作，这就需要正确的激励机制作为保障。

激励机制不仅要科学地设计个人的绩效奖惩制度，还要设计出各部门、项目组等团队绩效奖惩制度，目的是将个人奖惩制度和团队奖惩制度相关联。让员工明白，做不好团队绩效成绩，同样会严重影响个人绩效成绩，而团队绩效成绩必须大家同心协力才能完成。

进行团队协作之前，需要首先明确团队成员具有的优势和劣势、对工作的喜好、处理问题的能力、基本价值观的差异等。通过这些分析，形成团队成员之间的共同信念和对团队目标的一致性看法，以建立起团队运行的游戏规则。

每个团队都有其优势和弱点，团队要取得任务成功还要面对外部的威胁与机会，通过分析团队所处的环境，找出团队的综合能力与要达到的团队目标之间的差距，以明确团队如何发挥优势、回避威胁。

团队内部各成员之间应有明确的岗位职责描述和说明，以建立明确的个人工作标准。以团队任务为导向，使每个团队成员有明确的依附于团队目标的个人目标和行动计划，在实施的过程中，树立阶段性里程碑式奖励措施，使员工对任务目标看得见、摸得着，有责任心、有成就感。

总之，"团结就是力量"，只有拥有了一支具有很强向心力、凝聚力、战斗力的团队，拥有了一批彼此间互相鼓励、支持、学习、合作和成就的员工，团队成就和个人成就才能达成，企业也才能不断发展壮大。

第十章　建立有效激励机制

激励机制是通过特定的方法与管理体系，将员工对企业及工作的承诺最大化的过程。激励主体系统运用多种激励手段并使之规范化，再与激励客体相互作用、相互制约。因此，激励机制也可以看作是一种供需性的关系。作为企业管理者，如果不能洞察员工深层次的人性需求，即使激励机制设计得再好，也可能无法达到预期的激励目的。本章就针对激励机制的有效性建立进行深入探讨，从激励机制的本质到满足因素，再到激励的最大禁忌，予以系统呈现。

激励就是价值的评价与分配

吉姆·柯林斯认为，管理的本质是建立各种合理有效的机制，让机制发挥最大能动性，指引和推动员工做出最正确的、最有利于个人发展和企业发展的行为，为个人和企业创造价值。

对于"合理有效的机制"这七个字，理解其意义非常容易，但想要做出意义之下的效果却难度极大，原因在于不理解究竟怎样的机制才是合理有效的。很多企业就是在不能理解什么是合理有效的机制的情况下，就开启了机制建设或改造,结果机制不仅达不到合理有效的期望,还走向了相反的方向。

想要真正理解"合理有效的机制",先要明白什么因素是达成"合理有效的机制"的基础。这个因素就是激励,是用各种高质量的激励,激发员工的工作积极性,让员工主动工作、追求卓越。

只有企业能够建立起有效的激励机制,才能对员工所创造出的价值做出正确的评价,也才可以对这些价值做出最合适的分配。

企业是聚集个体创造价值的整体,企业创造出的价值的很大一部分是要回馈给价值创造者的。任正非说过:"华为之所以能做到今天这么大,是因为分钱分得好。"其实,华为的"分钱分得好"就是分配机制设计得好,从根本上解决了为谁干、怎么干、干完之后怎么分钱的问题。

企业知道如何分钱,员工才会努力挣钱。合理的分配制度是一种激励和价值导向机制,概括来说,企业制定的激励机制就是"价值创造、价值评价、价值分配"的过程。

企业要进行价值分配,就必须创造出价值,激励是激发组织创造价值的隐性条件之一,其他隐性条件还有制度、企业文化、发展愿景、战略规划等,能将这些隐性条件变成显性能力的是企业的组织能力,而组织能力的核心三要素是"意愿""能力""治理"。如果将组织比作一支球队,则该球队需要兼具"足够强的赢球动机"(意愿)"有强大个人能力的球星"(能力)和"有针对性的技战术"(治理),这样球队才能赢得更多赛事。

将组织能力三要素结合华为的"价值创造、价值评价、价值分配"过程,就能得到企业管理要诀,即需要搭建以激励机制为普遍要素的企业运作机制(见图10-1)。

```
┌─────────────────────────────────────────────────────┐
│              愿景/价值观/战略                        │
└─────────────────────────────────────────────────────┘
       ↕                    ↕                ↕
  ┌─────────┐ 治理  ┌──────────────────────────┐ 意愿
  │ 组织管理 │ ⇔  │  绩效管理  ⇔  薪酬激励     │
  │  体系   │    │   体系          体系       │
  └─────────┘    └──────────────────────────┘
                                              能力
  ┌──────────────────────────────────────────┐
  │ 人才规划与  ⇔  人才盘点  ⇔  人才发展      │
  │  配置体系       体系           体系       │
  └──────────────────────────────────────────┘
   价值创造体系    价值评价体系    价值分配体系

┌─────────────────────────────────────────────────────┐
│              文 化 和 领 导 力                       │
└─────────────────────────────────────────────────────┘
```

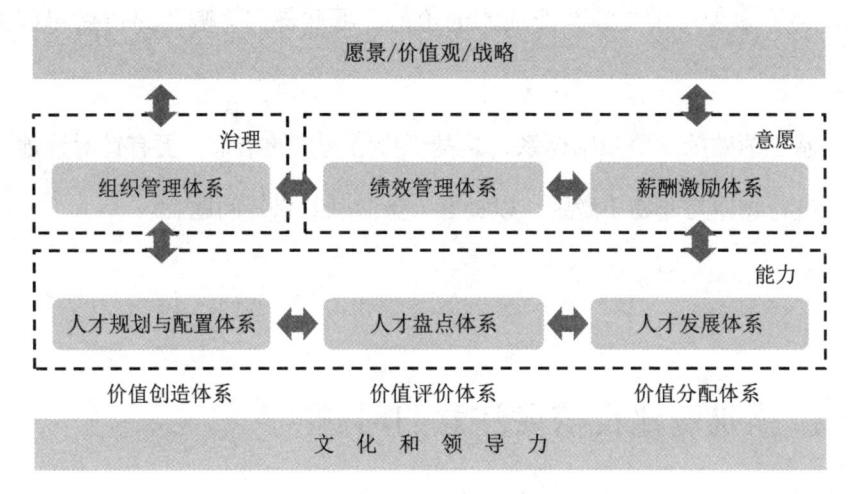

图10-1　企业运作机制

根据图10-1可知，企业运作机制自上而下分为三个层面，即愿景/价值观/战略层面、六大体系层面、文化和领导力层面。其中，六大体系从左至右归属于三大系统，即价值创造体系、价值评价体系和价值分配体系。同时，六大体系又分为三个方面，即治理、意愿和能力。这三个方面也是组织综合能力的三根支柱，要提升组织能力，必须使这三根支柱共同提升，以达到员工个人能力转化为组织能力的目的。

尽管强调三根支柱需要协调发展，但这三根支柱是有顺序之别的。核心是"意愿"，不仅体现了"以人为本"的理念，也与企业在自主经营中以员工为经营主体的理念不谋而合。有主动的"意愿"，才能形成强大的"能力"，也才能实现高效的"治理"。因此，能直接引导和激励员工行为，激发员工工作意愿的是基于战略目标的绩效管理体系（价值评价）和相匹配的薪酬激励体系（价值分配）。

基于战略的绩效管理体系，是基于企业发展战略、目标，通过绩效管理体系有效衡量各部门、各岗位的价值贡献，从而判断各部门、各岗位创造出了多少可供支撑企业战略的价值，哪些部门、哪些岗位做得好或不好。

基于绩效的薪酬激励体系，是基于价值衡量的结果，更有针对性地对员工进行物质与非物质激励，以提升人员激励效果等问题。

激励机制建设需要注意的问题

绩效管理发挥作用的机制分为两大步骤，具体如下。

步骤1——对组织或个人设定合理的目标，建立有效的激励约束机制，使员工向着企业期望的方向努力，从而提高个人绩效、部门绩效和企业绩效。

步骤2——通过定期有效的绩效评估，肯定成绩，指出不足，对达成企业目标有贡献的行为和结果进行匹配性奖励，对不符合企业发展目标的行为和结果进行匹配性处罚。

通过上述有效的激励机制，促使员工自我开发、主动进步、提升能力素质、改进工作方式，从而达到更高的个人和组织绩效水平。

要使绩效管理获得良性发展，目标管理环节、绩效管理环节和激励控制环节是必须重视的。目标管理环节的核心是保证企业目标、部门目标和员工个人目标的一致性，保证企业内各层级绩效的同步提升；绩效管理环节的核心是建立公平、公正、有效的评估系统，对各层级都能做出准确的价值衡量；激励控制环节的核心是控制激励的上限和下限，既不让激励变成福利，也不让激励成为无用之物。

在绩效管理中，激励效应取决于目标效价和期望值的乘积，只有目标效价和期望值都较高，激励效应才能达到最佳。其中，目标效价是目标达成所获得的奖励对个体的激励程度，或者目标未达成对个体的惩罚程度；期望值是个体达成目标的可能性与组织兑现承诺的可能性。

激励机制的正确运行对企业经营和个人发展都有巨大的益处，但前提是要能够正确运行。如果激励机制不能正确运行，出现了一些问题，则激励将产生不良反应，激励效果将急剧下降，甚至还会出现负向效应。下面列出激励机制建设过程中需要注意的三个问题，做到则绩效优，做不到则绩效危。

1. 激励内容和激励方式必须恰当

激励方式可以笼统地分为正向激励和负向激励。正向即正面的，如表扬、晋升、尊重、信任、授权等；负向即负面的，如批评、罚款、降职等。为了更贴合人性，激励方式要多以正向激励为主、负向激励为辅，不能只奖不罚，也不能只罚不奖。但很多企业在实务操作中，未能做到两者的有机结合，往往是过于偏向正向或负向，不利于激励约束的平衡。

2. 被激励者的绩效目标必须合理可行

给被激励者制定的绩效目标必须是符合其所在岗位的实际情况的，既不能太高，也不能太低。过高的绩效目标会让被激励者丧失信心，怎么努力也够不到的好处，是没有吸引力的；过低的绩效目标会让激励者选择"躺平"，躺着就能完成的目标，谁还会站起来干呢！显然，过高和过低的绩效目标都会让激励效果大打折扣，甚至根本无法产生激励效果。

3.企业管理者必须注意维护组织信用

企业对员工承诺的奖励必须兑现，依据制度必须做出的惩罚也要实施，让员工从内心树立起严格遵守绩效考核规定工作的意识，力争不断提升工作能力。当企业在绩效管理上有了良好的组织信用，对员工的管理和督促作用将更为有效，企业的整体运行也将更加顺畅。

保健因素与激励因素双满足

20世纪50年代，美国行为学家弗雷德里克·赫茨伯格与助手对匹兹堡地区的11个行业的203名工程师与会计人员实施一项调查研究。

访谈的主题有两个：在工作中，哪些让你感到满意，并估计积极情绪大概持续的时长；在工作中，哪些让你感到不满意，并估计消极情绪大概持续的时长。

赫茨伯格认为"满意"与"不满意"两个维度是影响员工绩效的主要因素。满意因素是可以使人得到满足和动力的因素，也称为激励因素；不满意因素是容易产生不满情绪和消极行为的因素，也称为保健因素。

激励因素主要与工作状态有关，基本都属于工作本身和工作内容范围，包括个人成就和成长、工作挑战性和职责划分、组织赞赏以及社会认可等，满足这些因素将令员工满意，可以激发员工的工作积极性。

保健因素主要与企业政策和管理有关，基本都属于工作条件范围和工作关系范围，包括政策制定、管理监督、工资福利、劳动保护、安全措施、人际关系、工作环境等，满足这些因素能消除员工的不满情绪，维持原有的工作效率，但不能激发员工的积极性。

赫茨伯格认为传统的激励方式，如提升工资、改善工作环境、建立人际关系等，不会产生或者不会明显产生激励效果。因此，保健因素是必需的，但不是激励的根本，因为其有局限性，只有激励因素也同时满足，才能产生更广泛、更深刻、更高效的激励效果。

激励因素和保健因素有若干重叠现象（见图10-2）。比如，赏识既属于激励因素，也属于保健因素，存在赏识可以起到激励作用，没有赏识则可产生消极作用。再比如，升职属于激励因素，正确启动将起到积极作用，不正确启动将起到消极作用。

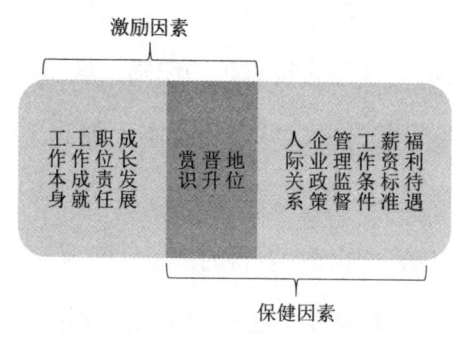

图10-2 双因素理论的重叠现象

在传统企业管理中，认为员工的"满意"与"不满意"是对立性情绪，当员工因为某一因素得到满足后而"满意"，在该因素缺失时必将导致"不满意"。但现实情况却并非简单的非黑即白。在很多情况下，影响员工"满意"的因素缺失并不会直接导致员工"不满意"，而只会导致员工"没有满意，也没有不满意"；那些使员工感到"不满意"的因素消除后，员工也不会转变为"满意"；仍然停留在"没有满意，也没有不满意"

的状态。因此，实施激励的成功与否不能简单地按照是否消除了"不满意"因素和增加了"满意因素"来衡量。通常情况下，对员工积极性的影响可以表现为三个方面：不是所有的需要得到满足了就能激励起员工的积极性，只有那些被称为激励因素的需要得到满足了才能调动员工的积极性；不具备保健因素时将引起强烈的不满，但具备时并不一定会调动起强烈的积极性；激励因素是以工作为核心的，主要是在员工进行工作时发生的。

仅提出保健因素和激励因素是不够的，赫茨伯格还致力于找出相应的方法，让激励更加到位。方法分为两种：满足员工对工作本身的要求，称为直接满足；满足员工对工作条件的要求，称为间接满足。

直接满足是员工通过工作所获得的满足。员工能学习到新的知识和技能，对工作产生进一步的兴趣和热情，在工作中体会到光荣感和成就感，从而提升责任心。采用直接满足的激励，虽然所需的时间较长，但员工的积极性一经激发出来，可以从根本上提高工作绩效，并能长久持续。

间接满足是员工在工作之后获得的满足。因为不是直接的，因而在调动员工积极性上有一定局限性，这种方式只能在短时间内提高工作效率，有时处理不好还会产生负作用。因此，在实际运用过程中，要充分注意保健因素，不至于因"不当满足"而使员工产生不满情绪，更要结合激励因素使用，避免只采用间接措施的"瘸腿激励"。

对于究竟该如何对员工采取有效激励，因为各行业、各领域情况不同，不能给出统一定论，但赫茨伯格提出了几点适用性极强的通用因素（见图10-3）。

1 工作中的表现机会	2 工作成就感	3 工作愉悦感
4 因取得良好工作成绩而获得奖励	5 职务上的责任感	6 对未来发展的期待

图10-3 通用的激励因素

赫茨伯格认为，这些因素都是积极的，对影响员工工作动机起着长期有效的作用。为增加"激励因素"，提高生产率，需要在工作过程中加强"工作丰富化"管理，以取代"流水作业线"或者"高重复性作业"，可以有效降低员工的不满情绪，提高工作积极性。

让工作本身成为激励

相信很多企业管理者在管理企业时，都面临过类似的问题：员工的工作热情和积极性总是难以持久，靠激励而来的短暂激情很快就会消失；员工从来不会为了企业着想，更不会像"我"一样全力以赴地工作。

很多老板谈到留住人才、激励人才时第一想到的就是涨薪、提成，甚至精神激励、画饼激励。

事实上，激励不完全等同于物质奖励，也绝对不是空头激励。在一个健康的组织里，尽管物质激励很重要，但却不是最好的激励方式。

对于真正的人才而言，最好的激励无关于物质，而是来源于工作本身。他们深知，物质所得只是附加值，当自己把事情做到可以获得更多认可时，想要的就会自然得到，不用花心思担心物质层面的激励。真正值钱的是工作本身，因此最好的激励来自工作本身。

日本企业家稻山嘉宽说过："工作的报酬就是工作本身。"这句话深刻道出了工作丰富化这种内在激励的无比重要性。企业要培养多面手员工，最有效的方法就是在企业推行工作激励。工作激励是通过促进员工工作的丰富化来调动员工工作的积极性，其实质就是让工作本身成为激励因素。

没有人喜欢平庸，当前企业员工在解决了温饱的问题以后，会更加关注工作本身是否有挑战性、是否能显示成就、是否能发挥个人潜力、是否能实现自我价值。

优秀的企业不仅给员工发工资，还能够使员工觉得自己的工作具有极大的意义，自己也担负着某种重要责任和使命。员工通过工作感到自己是某种美好且优秀事物的一部分，他们的价值得到普遍承认和赞赏。在这种情形之下，员工能够最大限度地发挥才智、干劲和热情。

让员工工作有效，帮助员工获得成就感是最大的激励。工作不仅仅是为了填饱肚子，更多的是让员工体会到成就感！当员工完成了一项富有挑战性的工作时，会有自我的成就感；当员工在工作中得到肯定和认可时，会有获得关注的满足感；当员工所做的工作创造了价值，会有自我价值实现的满足感。

注重工作本身所具备的激励作用，并能卓有成效地在工作中运用，是尤为重要的。把工作本身变成激励手段，更能体现出企业管理者的领导能力和企业的管理水平。具体做法有以下三种。

1. 慎重安排员工工作，让员工优势得到充分发挥

每个人在自己擅长的领域都会成绩必增。只有让员工认为"企业需要我，我很重要"，他们的成就感才能真正迸发出来。因此必须在带领员工完成工作任务的同时，给予员工自由发挥的机会，让员工在自主的工作过程中得到最大的成就感。

2. 确立挑战性的、可达成的高质量目标

给员工设定一个清晰的、可达成的、有挑战性的目标，能够激发员工的积极性和主动性，形成一股拦不住、浇不灭、打不垮、拖不烂的战斗精神。同时要给予员工必要的辅导和支持，及时反馈和奖励，尤其是正向反馈，一定要注意时效性。

3. 激励人心，带领员工不断取得下一个阶段的胜利

人在被认同、被欣赏、被需要的过程中，更容易体现自身价值，激发责任心，释放创造力。每当员工完成一项任务时，就给予适当激励，当所有的激励累积起来，就是一个人的成功之路。慢慢地，这个人就会越来越强。

工作会实现物质的富足，会带来精神的丰盈。一个人的社会身份、地位、归属感，可以从工作中获得；一个人内心深处被需要、被欣赏、被认同的情感需求，也可以从工作中获得。让工作成为激励的源头，激励的不仅是执行工作的员工，更大的受益者则是企业。

别把激励做成福利

激励并非福利，而应是良好的内部激励制度。当企业管理者给员工加薪时，说明员工的能力得到了相应的肯定，并对其未来有一定期许，应当肩负更大的责任。在权责利对等的情况下，当企业实施激励计划，赋予核心员工更多权益时，被激励者应当思考的是如何为企业实现收入最大化、成本最小化，为各股东创造更多的收益。

为什么一定要强调激励不是福利呢？因为现实中很多人总是将不易获取的激励看成是人人有份的福利，包括很多企业管理者，也搞不太明白激励和福利的区别，往往一顿迷之操作后，企业的管理更加混乱了。

试想，某员工原来月薪是7000元，因为一旦有小贡献而涨到10000元，一开始肯定充满激情和感恩，但两三个月后这股激情就会退却，反而会觉得10000元月薪又少了，还应该再涨。人性是贪婪的，谁都希望获得的越多越好，至于所得与付出是否相符，很少有人去考虑。如果给这位员工的月薪上涨到8000元，并且明确告知涨薪的原因和与业绩贡献的关系，该员工一定会心服口服，并且持续保持高昂的斗志，感恩企业、激励自我。

因此，激励的有效性与加薪多少无关，与加薪的方式有很大的关系。

这就要求企业在激励员工时，决不能将激励视为与福利或奖励等同，而是要把激励作为一种有效的管理策略，来推动员工的积极表现和团队成功。以下是一些关于正确激励的告诫，可以帮助企业确保激励的有效性。

1. 与目标对齐

确保激励措施与企业的目标和战略保持一致，激励应与员工的绩效、创造力、团队合作等能力相关联，以推动员工在关键领域的成果。

2. 建立公平机制

确保激励措施的分配是公平和透明的，制定明确的标准和评估方法，以便员工能够了解如何获得激励，并保证所有员工都有平等获得激励的机会。

3. 强调自我成长

激励员工不仅是为了奖励他们的努力，还应该关注他们的职业发展和个人成长，提供培训、导师支持和学习机会，帮助员工发展技能并实现自身潜力。

4. 激发参与和归属感

鼓励员工参与决策过程，让他们感到自己的声音能够被听到和得到重视。创建一个积极的工作环境，鼓励员工为团队的成功贡献自己的力量，并与企业的使命和价值观产生共鸣。

5. 提供有意义的挑战

激励还需涉及提供有意义和有挑战性的工作，为员工提供发展和成长的机会，让他们感到自己在工作中有所贡献，并能够不断学习和发展。

6. 定期反馈和认可

提供及时和具体的反馈，肯定员工的成绩和努力。通过公开表扬、团队会议或个人会议等方式,向员工展示他们的价值和贡献,让他们知道他们的工作被重视。

综上所述,激励措施应该超越简单的福利,以推动员工的个人成长、参与度和团队成功。这需要与员工的职业发展目标和组织的战略目标保持一致,并确保公平和透明地实施。

第十一章　基础激励与动力激励

激励可以根据不同的激励因素分为本源性激励和递增性激励。前者是基础激励，是激励机制中必须包含的部分，如薪酬激励、晋升激励、目标激励、考核激励；后者是动力激励，是激励机制中可以不包含的，如股权激励和危机激励。

基础激励的激励范围比较常规，除非有极高效的激励措施，否则达到的激励效果也是趋于常规化。动力激励的激励范围就有所突破了，可以大幅提升激励效果。

薪酬激励：开启原始驱动力

每个人工作的最直接目的，就是获得一定的物质报酬。这份报酬与个人生存需要密切相关，如果在薪资报酬上进行激励，将产生最直接有效的作用。

在企业里，报酬的高低不仅体现在数字多少上，更是代表了员工价值的大小。现实情况有两个矛盾点：一是高薪低能矛盾，即员工不能清晰地认识自己的能力值，盲目追求高薪酬，这是不合理的；二是低薪高能矛盾，即员工对自己的能力值有清晰的认识，而企业却并不了解，只付给低薪酬，这也是不合理的。

造成上述矛盾的原因是什么呢？是企业不了解员工的情况多，还是员工不了解自己的情况多呢？一些调查结果显示，企业对于员工的能力不够了解的情况比员工对自身能力不够了解的情况高出近三倍。

产生这种现象的根源在于过度的主观性。如果站在员工的角度来看，就是单纯的自我认识不清，主观地认为自己的能力足够强，是企业对自己不够重视。如果站在企业的角度，情况就不同了，因为企业拥有对员工的绝对权威，最直接的结果是反映在薪酬上，被企业认为"不行"的员工，薪酬无法提高，没有职业前途，甚至难以立足。

企业必须清晰、切实发现并认可员工的能力和价值，给出与之相匹配的薪酬标准和发展空间。有什么好的方法吗？应该在正确激励的基础上，结合合理的薪酬考核管理制度，为员工划定能力值范围。想让这种划定长期稳定地发挥作用，保证一套合理的薪酬和福利制度是非常必要的。

1. 建立激励性的薪酬政策制度

在传统薪酬制度的薪酬标准中没有激励因素，只是加入因工作量而设定的提成而已，员工因此而形成了简单的多劳多得意识。但这里的"劳"只是付出的劳动量，而非"劳"后产生的价值。

现代观念已经在薪酬制度中加入了激励因素，让"劳"后产生的价值成为薪酬体系的组成部分。也就是说，在新的薪酬观念中，薪酬体系的设计更加科学，激励作用越发凸显。

（1）保证公平的前提下提高薪酬水平。因为"不患寡，而患不均"的天性，员工对薪酬差别程度的关注要高于对薪酬水平的关心。因此，薪酬体系要想起激励作用，保证公平是前提。公平包括内部公平（企业按贡献定薪酬）和外部公平（企业薪酬与行业薪酬水平相当）。

（2）保证公平的前提下偏高设计。保证公平仅是薪酬激励的第一步，而且只是达到了员工的心理底线而已。激励效果还体现在是否比行业同等薪酬水平稍高，若是"有"，就会对外形成竞争优势，对内稳定并团结人心。当然，这种"稍高"的设定可以有针对性，主要针对关键性人才，让人才感觉到企业对自己的重视。

（3）薪酬要与绩效挂钩。要想薪酬系统能够公平合理地体现，必须与员工的绩效结合。绩效可以客观体现出员工的工作能力、工作态度和进步程度。更重要的是，以绩效为实施基础的薪酬制度可以将企业与员工的利益统一起来，使得员工在为自己的目标奋斗的同时，也为企业创造了价值。

（4）保证固定部分比例。绩效考核对于薪酬是重要的，但也要注意薪酬中的固定部分，保持固定部分的比例，是对员工忠诚和付出的肯定。只有让员工内心具有安全感后，浮动部分的薪酬激励才会有效。

（5）适当拉开薪酬层次。拉开薪酬层次，可以鼓励后进者，勉励先进者。后进者能够看清自己与先进者之间的差距，并奋起直追；先进者要想保持领先，就必须继续努力。但二者之间拉开的层次不能太大，不能对人心造成爆击性伤害。差距的设置以"既不伤害员工自尊，又能让员工意识到追赶有望"为宜。

2. 设置具有激励性质的福利项目

福利是员工薪酬的一种有效补充，"恰到好处"和"必须给予"的福利能将激励带上更高的台阶。

（1）采取弹性福利制度。员工都是独立的个体，对福利的需求也会因为自身的实际情况而不同。如果是相同的福利待遇，只能满足一部分，甚至一小部分员工的需要，对另一部分不能满足需求的员工而言，这样的福利就如同鸡肋。弹性福利明显更加适用，将福利蛋糕切成小块，每一块的具体味道由员工自己添加，也就是企业给予员工选择福利的机会，允许员工将个人需求与所需福利结合起来。比如，年轻的单身员工更喜欢货币方式的福利，有子女的员工希望企业能提供便于育儿的福利政策，老员工会更关注养老保险和医疗保险方面的福利，外地员工则希望企业能在带薪休假方面给予照顾。

（2）扩展式福利。企业的福利从只针对员工，扩展到员工家属。某公司年终评审，某位销售员综合成绩排名第一，获得年终奖6万元。但公司额外支出6000元，奖励其妻子，感谢她一年来对销售员丈夫工作的支持。虽然这6000元钱不算多，但对这位销售员及其全家而言也是额外的收获。这种扩展式福利如今在很多企业得到推行，原因在于付出的成本很小，但收到的效果却很好。

（3）保证福利质量。福利设置得再好，也需要具体的实施来保证，没有执行的质量，福利就成了空谈，是不能给员工带来实际收益的。某生产型公司建立了免费浴室，让员工在下班后可以洗了澡，干干净净地回家。仅过去四个月，浴室的管理就变得惨不忍睹，浴室又脏又乱，水忽冷忽热。本来是好事，却搞得员工怨声载道。造成这种情况的原因就是激励不到位，该公司的任何激励政策都轮不到管理浴室的员工，小团队自然情绪懈怠。由此可见，必须加强对福利项目的管理，只有令其真正良好地运作起来，才能起到激励作用。

晋升激励：职位随能力上升

管理学有句经典名言："员工能力与职位相匹配。"当员工的能力提升时，其对应的岗位也应有所变化，要让员工到更适合发挥的岗位上去。通常这种情况会伴随升职，而在员工职位上升后，又能激发其更多潜能来适应新的工作要求。因此，通过晋升激励，不仅员工在工作领域能得到更好的发展，企业也能从逐渐强大的员工那里收获更大的利益。

惠普公司非常重视员工的职业定向，在管理中努力帮助员工了解自己的优势和不足，并帮助员工制定适合的职业发展规划。公司除了有专人对员工进行能力调查外，还在网上为员工提供了综合能力的自评工具。这样的做法，既降低了优秀员工的流失率，还使每位员工明确了自己的工作目标，有效提升了工作积极性。结合惠普公司的做法，企业帮助员工深入了解自己可以有三种方法：帮助员工通过工作发现自己的优势和不足，为员工提供多项发展选择，给员工提供几次自由选择发展方向的机会。

当然，绝对不是企业内部所有员工最终都能实现晋升，这与企业的岗位设定与岗位要求和员工的能力价值有密切的关系。但是，企业必须为员工敞开一条晋升通道，保持竞争的公平性和晋升通道的畅通。

1.多条晋升线路并用

每名员工具体应该有怎样的晋升路径，往往不是短期就能判断出来的。或许在 A、B 岗位上做不出好成绩，但在 C 岗位上就成了人才。所以，企业要给员工充分展示的机会，不能将员工锁死在某一种岗位上。

在海底捞，员工的学历和工龄并不是晋升的必要条件，只要员工在工作中取得了足够好的成绩，就可以按照晋升路径实现个人职位的晋升。海底捞为新员工设计的三条晋升路径，分别是管理路径、技术路径和后勤保障路径。

（1）管理路径升职通道：新员工→合格员工→一线员工→优秀员工→领班→大堂经理→店铺经理→区域经理→大区经理。

（2）技术路径升职通道：新员工→合规员工→一线员工→先进员工→标兵员工→劳模员工→功勋员工。

（3）后勤保障路径升职通道：新员工→合格员工→一线员工→先进员工→办公室人员、出纳→优秀会计、优秀采购等。

毋庸置疑，管理路径最吸引人，但对于没有管理能力的员工而言，走技术路径和后勤保障路径也是很好的选择。虽然这两种路径上的节点不如管理路径看着耀眼，比如，管理路径的最高点是"大区经理"，而技术路径的最高点是"功勋员工"，后勤保障路径的最高点是"优秀会计、优秀采购等"，但在薪酬方面是非常可观的。海底捞将这种方式称为"士官模式"，就像士官虽然没有军官的军衔，但每级士官的待遇却对应着各级军官。这些举措，最大限度地实现了员工晋升机会的平等。

2. 用顿挫晋升（见图 11-1）实现破格提拔

顿挫是一种状态，是物体在上升途中，在某个特定节点停顿下来，稍作缓和或者下挫一些后，再次上升。这种晋升方式有助于管理者破格提拔资历浅的、年轻的、难以服众的人才。顿挫上升的开创者是张瑞敏，他认为:"论资排辈的晋升模式是严重压制优秀人才的,但过于激进的晋升方式也不利于内部的团结,所以'中庸'一下,在'顿挫'之间送人才上位。"

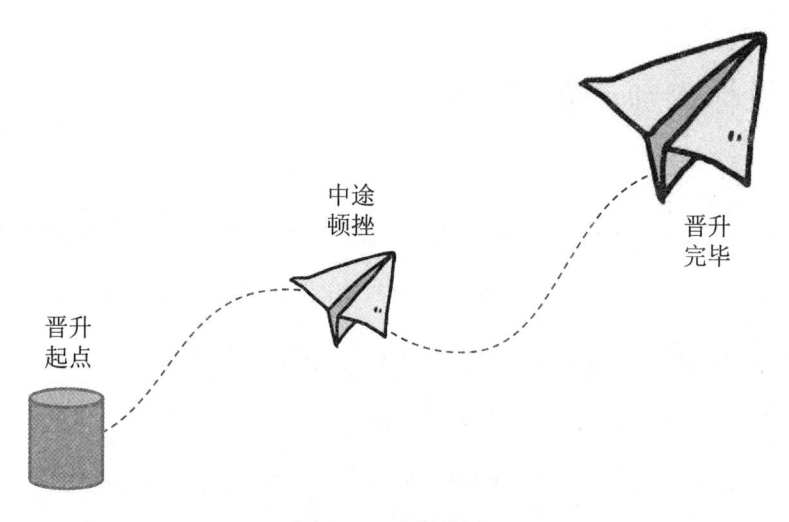

图11-1 顿挫晋升

20世纪80年代中期,海尔面临严重的人才断档,老功臣们已经跟不上时代发展,却一直占着位置,挤占了新进人才的上升空间。这个时候张瑞敏发现了柴永森,一位只有二十几岁的年轻人。

通过跟柴永森的数次接触,张瑞敏已经想好了要给这位年轻人什么位置,但如果是直接晋升到高位,怕引发动荡,于是先晋升柴永森为检验处长,又晋升为分厂厂长。这种晋升方式既让他弥补上了质量管理和生产管理的短板,又平息了异样言论。柴永森在这段时间内迅速成长,被张瑞敏委任为海尔集团副总经理。此后他在海尔不断创造奇迹,被誉为"你给他一块沙漠,他还给你一座花园"的精英人才。

顿挫晋升让人才得到了全方位锻炼,具备了相应能力后再破格提拔。这样晋升上来的人才,比忽然上升至高位更能服众,综合能力也更强。

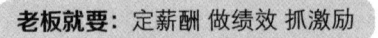

目标激励：看到希望才会尽力奔跑

目标激励是制定切实可行的目标激励人们奋发工作，不断取得进步。目标同需要一起调节着人的行为，把行为引向一定的方向，目标本身是行为的一种诱因，具有诱发、导向和激励行为的功能。因此，适当地设置目标，能够激发人的动机，调动人的积极性。

目标是一个人成功路上的里程碑，给了人们看得见的努力方向。在努力实现这些目标的过程中，它始终发挥着积极的作用，辅助自己深挖自身潜力，督促自己认真对待过程。

大多数员工都希望自己能将工作做得更好，使自己更具发展潜力。在企业组织中，每个员工都或多或少地有所期望，但这种期望并没有形成一种动力，企业需要发掘出员工的期望并转化为具体的目标。

企业提出明确的目标，并对实现目标的过程进行规划，再由各级管理者与员工进行沟通和传达，让每一名员工都明白自己所做的工作。既然难以统一人的思想，就统一人的目标。以明确的目标激发员工的斗志，企业上下开诚布公地全面参与，让员工自觉地将个人目标和企业目标联系起来，从而增强员工的责任感和主动意识。

让员工和企业有共同目标，通常需要创造共同的价值立场和相同的价值理念来激励员工。想要为企业的目标定义，并让员工觉得企业的目标对个人富有意义并不容易。让员工把企业的目标当作自己的目标，那么企业的目标必须具有相当的包容力，这样才能使全体人员参与，从而让企业的目标体现在日常工作之中。

马尔斯糖果公司的经营秘诀是：把目标确定到百分之百，竭尽所能地追求完美。于是，马尔斯糖果在质量上的目标永远是保证百分之百的合格率。在统计学上，百分之百几乎是不可能的，但马尔斯人不在乎统计学的概率，只在意自己的工作实效。他们认为任何时刻放纵自己，到头来只会自食其果。如果在制定目标时就预先体谅自己，降低目标，那么目标就失去了存在的意义。

市场变幻莫测，科技日新月异，企业若不能持续增长，就会被对手超越，直至淘汰出局。要保证企业的持续增长，就要激励员工不断创新、主动变革，使员工从挑战中得到激情，获取经验和能力，以此来增强企业内部活力。

真正懂得用目标来激励员工的企业，都懂得利用挑战来使目标激励的作用最大化，他们会制定只有跳起来才够得到的目标，竭尽所能地追求完美。这样的企业，从来不会容纳所谓的"可容忍过失"。

阿迪达斯公司制定的"无次品"目标，就是没有"可容忍过失"的具体表现。"无次品"目标极大地调动了员工的积极性，增加了员工工作的挑战色彩，也同时增强了员工完成工作后的成就感。为了实现这一目标，阿迪达斯近2000名质量检验人员会定时检验产品生产线，把不合格的产品发回，并负责把所有不合格情况和错误列成统计图表，用以了解产品的质量状态。

如此的高标准、严要求，充分激发了员工的潜能，每一位员工在工作时都投入自己百分百的精力，从不疏忽大意，高标准和高质量成就了阿迪达斯。"众人拾柴火焰高"，只有整个企业拧成一股绳，才能形成强大的合力引领国内乃至世界。

我们都知道，目标总是不容易实现的，毕竟需要"跳一跳"才够得着，具体到每个人能跳多高、可以跳多久，都是未知的。因此，在不能降低总体目标难度的情况下，可以找到降低目标实现难度的方法。最好的方法就是将目标的实现分成合适的若干阶段，不至于使整体目标太大，而拆分成的阶段目标也需要保证有足够的难度，不至于使阶段目标太小。

"跳起来才够得着"永远是制定目标的标准，同时要满足"跳起来"和"够得着"，才能使员工发挥出最大的潜能。不要担心高目标会让员工产生恐惧的心理，只要不是过高到离谱，只要能帮助员工找到实现目标的方式和手段，高目标不仅不会使员工恐惧，反而会激励员工充分发挥自己的潜能。员工在不断发挥潜能、不断成长和不断进步的过程中推动企业的发展。

杰克·韦尔奇说："我不断为每一位员工提供富有挑战性的工作，由此造就了了不起的通用员工，然后，再由他们造就了了不起的产品和服务。"

考核激励：断绝员工"摸鱼"的想法

企业的考核制度，既是管理企业的必备手段，也是激励员工的最佳措施。正确运用考核，可以激发员工的工作热情，干得越好，考核成绩就越好，收获也就会越多。

合理的业绩考核是进行绩效考核激励的前提，必须用客观的、正确的、符合企业现状的、针对性强的设置，对员工在工作中的工作方式、工作态度以及取得的工作成绩进行考核。

考核方法有很多种，不同的考核方法适用不同的情况，必须选择适合企业实际情况的方法，才是最好的考核方法。

1. 简单排序法

简单排序法又称为序列法或序列评定法，将被考核者按照一定的标准进行排序。

简单排序法的优势是，实施过程较为简便，无须花费太多精力和成本。因为将被考核者按照一定标准进行1、2、3、4……顺序排列，可以有效避免趋中现象（错误地将被考核者划为接近平均或中等水平），减少误差，保证考核结果的准确性。

简单排序法的不足是，由于需要将被考核者排序，如果人数过多，容易导致考核流程过长。因此，该方法对于被考核人数有一定要求，以控制在15人以内为宜。这就决定了简单排序法只适用于较小范围内的绩效考核，无法用于较大规模的绩效考核。

2.目标绩效考核法

以预先设计的考核目标为基础，并将目标由上至下进行拆分，以统一要求、统一实施，分散至各部门、各岗位，并对各部门、各岗位的分目标进行绩效考核。目标绩效考核法的实施分为五步（见图11-2）。

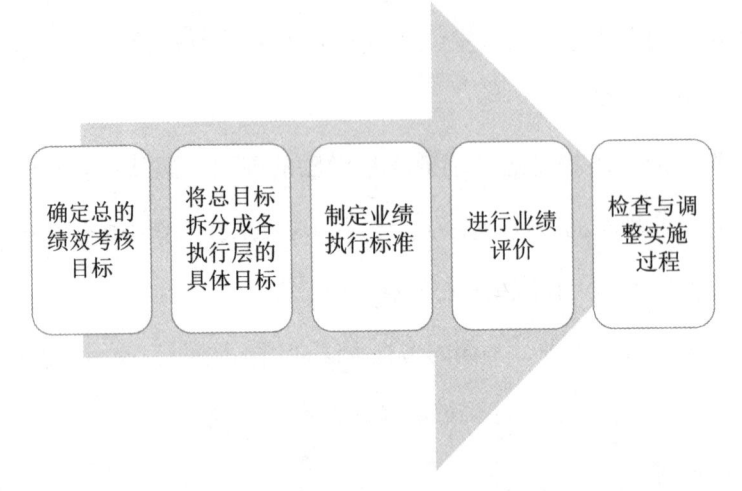

确定总的绩效考核目标 → 将总目标拆分成各执行层的具体目标 → 制定业绩执行标准 → 进行业绩评价 → 检查与调整实施过程

图11-2　目标绩效考核法的实施步骤

目标绩效考核法的关键在于如何制定合理的绩效考核目标，需要企业各级管理人员和员工共同参与绩效考核目标的制定。

3.相对评价法

在企业中寻找一个基准，将其中所有被考核者逐个与基准进行比较，评估每个被考核者在企业中的相对位置。相对评价法包括以下三种具体方式。

（1）序列比较法：按照被考核者的个人工作成绩的好坏进行排序考核

的一种方法。使用序列比较法分为三个步骤：①确定各个考核模块，必须具有代表性，能够反映实际情况；②将相同岗位的被考核者放在同一考核模块中进行比较，根据他们的工作情况从前至后进行排序；③将每名被考核者的模块排序数字相加，得出每个人的考核结果，总数越小，表示考核成绩越好。

（2）相对比较法：将被考核者纳入比较序列，并进行两两比较。需要注意的是：所有被考核者都要进行两两比较。在进行相互比较时，较好的一方记1分，较差的一方记0分。最后将每名被考核者的成绩相加，总分越高，表示成绩越好。

（3）强制比例法：根据被考核者的业绩，将被考核者按一定的比例划分为几类（如最好、较好、中等、较差、最差）进行考核。

股权激励：上不上市都能用

股权激励是一种通过经营者获得公司股权的形式给予企业经营者一定的经济权利，使他们能够以股东的身份参与企业决策、分享利润、承担风险，从而勤勉尽责地为公司的长期发展服务的一种激励方法。

一般情况下，股权激励都是有附带条件的，如员工需在企业干满多少年，或完成特定的目标才予以激励，当被激励的人员满足激励条件时，即可成为公司的股东，从而享有股东权利。

1.股权激励的作用

股权激励对于降低企业人力成本、促进企业机制变革、满足企业经营需要、提升企业品牌影响等方面有着重要的作用，进而实现完善公司法人治理结构、增强企业凝聚力、提升企业市场影响力、提高企业经营管理水平等目的。因此，无论上市或不上市的企业都能适用股权激励。

（1）降低企业人力成本。人才的现状永远是"不仅贵，而且缺"，有远见的企业不仅要在经营上下功夫，还要打"人才战"。留住和吸纳有分量的人才需要付出足够的代价，但只是提高薪金报酬，不仅会拉高人力成本，还未必能达到好的激励效果。

某公司为招揽一位人才，开出了高于其他同类公司一倍的薪水，福利也到位。但这样的薪资待遇引发了其他员工的不满。现在该公司有三个选择：要么其他员工的工资一并提升，人力成本必将猛增；要么无视其他员工的不满，企业内部将矛盾重重；要么忍痛将这位人才辞退以平息众怒，但这将对企业发展带来不利影响。

一次求贤若渴的高资本引入人才，将给企业经营带来巨大隐患。很显然，采取"高工资＋高福利"吸引和留住人才的方式绝非最好的办法。实施股权激励，有条件地给予激励对象部分股东权益，使得激励对象与企业结成利益共同体。激励对象有了归属感，才能主动自觉地努力工作，为企业带来更好的收益。

（2）促进企业机制变革。股权激励是一种管理手段，通过向员工提供企业股票或股权，以激励和奖励他们的工作表现。股权激励不仅可以促进员工的工作动力，还可以促进企业机制的变革，主要表现为以下三点。

一是股权激励可以激发员工更积极地为企业的发展工作。因为员工有机会分享企业利润的增长价值，可以让员工更加投入、更有热情和更具创新精神，并对企业的利益更为关注。

二是股权激励可以帮助企业吸引和留住高素质的人才。员工股权激励计划可以作为一种吸引人才的工具，特别是对于初创企业来说是一种有竞争力的福利措施。同时，股权激励计划还可以帮助企业留住有价值的员工，减少员工流失率。

三是股权激励可以加强员工与企业的长期利益一致性。员工拥有企业股权后，会更倾向于个人的长期发展和企业的成功，而不是仅仅追求短期利益，这有助于建立员工与企业之间更紧密的联系。

（3）满足企业经营需要。企业经营曾经是渠道为王，但如今越来越多的企业已经改变经营策略，从自己经营渠道到借助其他渠道。那么，别人的渠道为什么会借给你？你有什么资本让别人愿意借给你渠道呢？股权激励就是企业资本，利用股权整合企业上下游资源，与各级供应商、代理商形成捆绑关系。

例如，百丽的企业核心价值是品牌，它没有自己的工厂，没有销售渠道，甚至没有研发能力，但通过推出一系列的支持、返利和配股政策，形成了固定的上、下游产业链。股东们除了能够享受高额的利润之外，还会享受到股票增值的分红收益，以及因为企业估值增加带来的未来收益。

（4）提升企业品牌影响。在股权时代，企业拼的是看得见的利润和看不见的估值。在企业估值中，以利润为代表的有形资产只占一小部分，更多的是无形资产。一些企业的品牌价值就是其最大的无形资产，如迪奥、古驰、松下、马爹利、奔驰、百达翡丽等。

想要打造企业品牌价值，需要人才加持，苹果公司曾因失去了乔布斯迅速走向衰落，乔布斯回归后又很快崛起。想要人才安心留下，提供长期保障是必需的，股份就是最好的保障，可以将人才的现在与企业的未来绑定。

2.股权激励对象的权利

企业实施股权激励后，股权激励对象大概会得到八项权利。各项权利并非只要成为股权拥有者就可以全部享有，而是要根据股权激励的具体情况确定激励对象可享有的具体权利或部分享有权利。

（1）表决权。表决权是指股东按其持有的股份对企业事务进行表决的权利。股东通过赞成、反对、弃权行使权利，股东表决权的大小取决于其所持有的股权份额。

（2）选举权。选举权是指企业股东固定选举董事、监事等企业管理者的权利。选举权是最基本的，也是最实质的管理企业的权利。

（3）所有权。所有权是指股东基于自身股东资格而享有的从企业获取经济利益，并参与企业管理的权利。所有权包括至少十项子权利：①发给股票或其他股权证明请求权；②股份转让权；③股息红利分配请求权；④优先认购新股权；⑤股东会临时召集请求权或自行召集权；⑥出席股东会并行使表决权；⑦公司章程和股东大会记录查阅权；⑧对企业财务的监督检查权；⑨对企业经营的建议与质询权；⑩企业剩余财产分配权。

（4）优先权。优先权是指企业发行新股或可转换债券时，老股东可以按原先持有的股份数量的一定比例优先于他人进行认购的权利。

（5）收益权。股东获得财产收益的方式包括企业分配股利、转让所持有的企业股票以获得差价收益、参与企业解散清算后的剩余财产分配。

（6）知情权。企业股东了解企业信息的权利包括财务会计报告查阅权、账簿查阅权、检查人选任请求权。

（7）转让权。转让权是指企业股东依法将自己的股东权益有偿转让给他人，使他人取得股权的民事法律行为，前提是不存在禁售限制。

（8）质询权。企业股东有权就企业的经营情况向企业经营者提出质询。企业经营者也有义务针对股东的质询予以答复，并说明情况。

只要实施股权激励，股权就会发生变化。必须时刻关注这些变化，掌握十一条对企业最为重要的"生命线"（见图11-3），股权激励才会更好地实施，才能获得最佳效果。

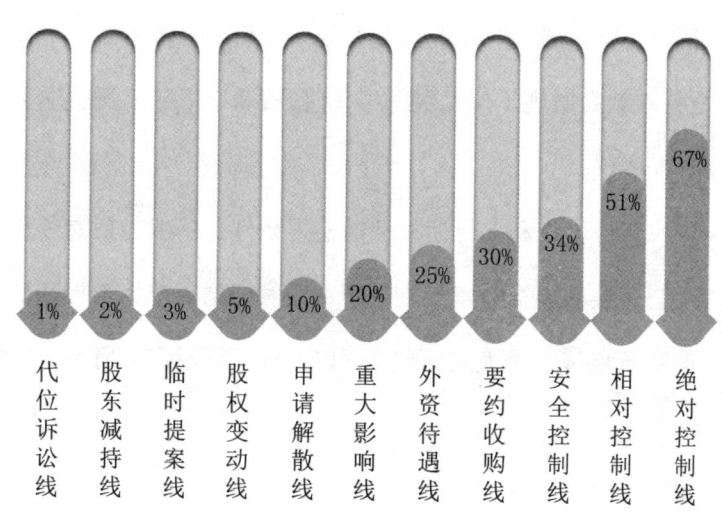

比例	名称
1%	代位诉讼线
2%	股东减持线
3%	临时提案线
5%	股权变动线
10%	申请解散线
20%	重大影响线
25%	外资待遇线
30%	要约收购线
34%	安全控制线
51%	相对控制线
67%	绝对控制线

图11-3　股权"生命线"

3. 股权激励方案的设计

股权激励方案的设计，必须建立在充分考量和保证激励效果的基础上。激励效果是指实施的股权激励计划对企业业绩和个人收益所产生的作用。激励效果的考虑因素可以通过下面的公式体现：

激励效果＝期望值 × 达成概率

期望值：必须达到一定的临界值，成为激励对象薪酬结构中重要一级。

达成概率：激励对象通过努力，能获得激励的概率。

激励方案的设定必须以能够充分、合理地行权作为前提。行权即激励对象在规定期间内以预先确定的定价方式和条件购买企业股票的行为。行权的基本内容如下。

（1）可行权日：激励对象可以行权的日期。但在重大公告发布之前或之后不得行权。

（2）行权价格：激励对象购买企业股票的价格。遵循前一个交易日和前30个交易日孰高原则（价高者得）。虚拟股票以上年末每股净资产或上年平均净资产核算。

（3）行权条件：权利人行使权利的前提条件，一般包括财务条件和非财务条件。公司层面包括净资产收益率、净利润增长率、销售利润率、每股盈余、股票价格等，个人层面包括KPI、特定目标完成情况、非财务指标等。

4. 股权激励的"7D要点"

谈到股权激励，必须明白股权激励的几大要点，即定人、定量、定时、定价、定条件、定来源、定退出，可以概括为"7D要点"。

（1）定人。股权激励计划的实施主体，是依据企业股权激励计划进入激励范围的人员。

（2）定量。确定用于激励的股票数量或其所占企业总股本的比例。确定激励数量，可分为确定股权激励方案中用于激励股份的总量和确定股权激励方案中给予个人激励的个量。

（3）定时。实施股权激励计划需确定的时间不只是股权授予时间，而是整个激励过程中各个环节的时间设定。

（4）定价。在股权激励方案中必须确定授予激励对象股票的每股价格。首先确定企业价值，其次确定每股价格，最后确定购买方式。

（5）定条件。股权激励必须参考企业的业绩条件和激励对象的考核条件。如果企业业绩条件未达标，则所有激励对象不得行权或解锁获益；如果企业业绩已达标，则所有激励对象满足了行权或解锁的条件之一者，再根据个人业绩确定是否满足考核要求。

（6）定来源。确定用于股权激励的股份来源和资金来源，分为股份来源和资金来源。

（7）定退出。退出规则必须详细，包括制定不同情况下的退出条件，以及正常合理的退出价格。

通过上述对股权激励的阐述，可知股权激励是将企业股份作为奖励员工的工具，可以弥补传统激励手段的不足和与时代的不接轨，能够将被激励对象与企业紧密联系在一起，具有稳定企业组织结构的作用，起到充分调动被激励对象的效果。

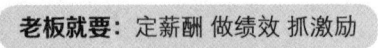

危机激励：适度的压力是前进的动力

利用危机产生激励效应，在古代就是非常成熟的兵法战术。《孙子兵法》上有："投之亡地然后存，陷之死地然后生。夫众陷于害，然后能为胜败。"意思是将士卒投置于危亡之地才能转危为安，使将士陷身于死地才能起死回生，军队深陷绝境后才能反客为主，赢得胜利。

在中国战争史上，背水一战是非常著名的置之死地而后生的战例。韩信率军背水扎营，结果全军为求生路而奋勇拼杀，大败赵军。韩信的用兵策略与孙武提出的"投之亡地然后存，陷之死地然后生"不谋而合。在这条兵法中，"投""陷"是指挥员的主动行为，但目的可不是为了"亡""死"。

在企业经营过程中，这种与危机主动接触的情况是非常罕见的，多数的危机都是不请自来。企业管理者要做的是从被动中寻找主动，将危机转化为动力。

20世纪70年代，由于石油危机的冲击，日本一家大型石油生产公司处境艰难。公司决定让旗下的12个工厂共计3.5万人暂时回家待命，并发给他们90%的工资。这种做法虽然没为公司节约多少钱，却让员工产生了危机感，大家都明白，如果公司垮了，自己就会面临失业危机。1975年1月，公司决定给全部中高层管理人员降薪，同年4月，又把员工的原定复工时间延后了20天。公司由上而下的危机意识非常强烈，大家想的都是能尽快复工，然后努力工作，保住公司。果然在复工后，员工的积极性爆发了出来，公司在经济萧条后得以快速恢复。

现代心理学研究证明：人们在危机来临之际，会爆发出平时难有的能量和异乎寻常的勇气，组织内部会自动放弃偏见和隔阂，团结起来。因此，不要惧怕危机，而是要勇敢面对，这样可以激发全员斗志去解决危机。

很多事例也证明，借助危机激励员工比其他的激励手段效果更加明显。因为其他激励都是在平稳中实施，人们有时间也有条件去分析、对比，看看是否应该接受激励。只有危机激励是人们在情绪动荡中实施的，人们没时间也没心情去考虑其他的，只希望能通过搏杀获得成功，为自己赢回尊严。这就获得天然的亢奋因素，正因为有了亢奋的加持，激励将被贯彻得更为彻底。

这就是"危机激励"被越发重视的原因，因为只要运用得当，将产生极好的激励效果。

企业进行危机激励时，要将目前面临的危机如实告诉全体员工，目的在于使员工切身体会危机感。注意"如实"和"全体"，不能在危机来临时欺骗员工，也不能厚此薄彼，企业的每个人都是财富。企业要及时给全体员工树立"不战必亡，战则有望"的观念，以断绝员工的侥幸心理；激发员工的战斗情绪，使大家无所畏惧，齐心协力向危机发起挑战；不能盲目出击，而要寻找解决危机的突破口，将力量集中于此，再一举爆发出来。

危机常有，但危机激励不常有。因为懂得运用危机激励的管理者很少，所以能够将危机激励运用得当的管理者少之又少。但不得不说，这是非常实用又效果奇佳的激励方法。

松下幸之助曾说："不论拥有多么伟大的事业，从来没有一个人不曾遭遇过失败。做事总会遭遇失败，但在每一次的失败中有所发展，经过无数的体验后，在其间逐渐成长。最后，在自我心中产生某种伟大的信念，才能完成伟大的业绩。最重要的是，当遭遇失败而陷入困境时，要勇敢而坦白地承受失败，并且认清失败的原因，体悟到'这是非常难得的经验，最宝贵的教训'。"

第十二章　高质量激励场景

激励是激发人的内在潜力，使人感到力有所用、才有所展、劳有所得、功有所奖，从而增强自觉努力工作的责任感。因此，企业必须建立健全激励机制，有效且充分地激励每一名员工。激励机制能否正确、有效地实施，直接关系到一个企业的发展和员工的成长。

激励的形式多种多样，有的是高效激励，有的是低效激励；有的是长效激励，有的是短效激励，企业应该采用高效且长效的激励。

本章将高效且长效的激励进行总结后呈现，供企业在制定激励政策和实施激励机制时参考。目的是让企业少走弯路，正确实施激励，避免出现好心办坏事的不利局面，以取得预期的激励效果。

表达尊重：大家是合作伙伴

尊重是人性中最光辉的闪光点，每个人都希望自己能被别人尊重。

即便是管理与被管理的关系，被管理者也不希望自己因为职位低而不受尊重。职位只是一种表象，是一个人在社会中承担不同责任的体现。而且，所有的职位不是固定的，有些人如今是被管理者，通过自己的努力未来就成了管理者；有的人如今是管理者，未来可能因为自身能力不够而沦为被管理者。因此，尊重别人就等于尊重自己，今天尊重别人就是在为明天受到别人的尊重打下基础。

不尊重员工的企业，只是将员工当成雇佣者。在这样的企业里，从上至下都弥漫着官僚作风，"官大一级压死人"的思维在企业内盛行，企业管理者则更是肆无忌惮地支配着员工，不允许员工有任何"忤逆"自己的行为。

可能你认为现在社会这样的"霸道"企业不存在了，但在具体的实务操作中，有这样想法和作风的企业不在少数，很多企业管理者的思想还停留在"君为臣纲"的时代。

例如，某保健品公司，属于典型的家族企业，企业内的高级管理岗位都由家族成员担任，企业发展到第十年时，年销售额达到上亿元。企业管理者管理企业的最明显表现就是骂人，只要他气不顺，只要他认为员工工作不给力，只要他认为员工有该骂的地方，就绝不"嘴软"，还美其名曰"不骂不成才"。逐渐地，公司内有才能的人都离开了，毕竟谁也不是来挨骂的，新来的人才也不愿意听他的谩骂。公司因为失去了人才助力，经营很快由盛而衰。再加上保健品市场越发难做，消费者对产品的选择性越来越强，该公司的销售额连年急速下挫。

任何对员工的不尊重，最终都将反噬到企业经营上，企业管理者不能简单地认为"你不干有的是人干"，这个"有的是人干"是有前提的，现代意识包装下的年轻人，可以受累，但绝不会受气。

表达对员工的尊重不仅是企业管理者个人素养的体现，也是企业经营品质的体现。在那些愿意尊重员工的企业里，不会只把员工当作雇佣者，而是将员工当成合作者，任何岗位的员工都对企业发展有助益，都必须给予应有的尊重。而且，尊重不能只是喊口号，要切实践行，直至根植于企业文化中。当企业文化与员工价值观一致、企业能充分体现对员工的尊重时，员工会深感自己选择正确，会为企业感到骄傲，会愿意为企业奉献力量。

一次，松下幸之助在松下集团总部招待客人。大家都点了牛排，待用完餐后，松下让助理去请烹调牛排的主厨过来。

松下幸之助特别强调说："不要找餐厅经理，要找主厨。"

助理这才注意到，松下幸之助的牛排只吃了一半，心想一定是要批评主厨做的牛排不好吃。主厨来了，他不知道将要发生什么，紧张地问："有什么问题吗，先生？"

松下幸之助说："这个牛排我只能吃一半，原因不在厨艺，牛排真的很好吃，但我已经80岁了，胃口大不如前，吃不了太多。这件事我必须当面告诉你，因为我担心只吃了一半的牛排被送回厨房，你会被上级斥责。"

关注下属的感受——这是松下幸之助的领导风格。因为松下幸之助将员工看作企业的合作伙伴，他不想伤害任何一个伙伴的心，哪怕对方只是一个餐厅主厨。

管理学大师拿破仑·希尔曾说："尊重是加速员工自信力爆发的催化剂。"因此，尊重激励是基于人性的、最基本的激励方式。

在企业内部，尊重应该普遍存在于多个层面，包括企业与员工间的相互尊重、管理层与基层间的相互尊重、管理层间的相互尊重、员工之间的相互尊重。只有将这四类尊重全部贯彻，才能在企业内部形成一股股强大的精神力量，有助于企业、管理层、员工三方面凝聚力的形成。

尊重还应该延伸到企业之外，企业要秉持以尊重为本的精神，以真诚友好的态度面对每一个用户和每一个合作方，并以公平为原则，建立良性交易关系的内外部环境。

建立信任：不只是说说而已

没有人是高贵无瑕的圣人，也没有人是全能不犯错的神人。面对可能会犯错的每一个人，都要进行各种防范吗？显然是不可行的，也是做不到的。这个世界上原有比防范更有力的武器，可以帮助我们团结其他人，这个武器就是信任。

没有比人心更易变、更不可靠的东西，但是一旦建立起牢固的依赖关系，那么也没有比人心更加可靠的东西。三国时期的刘、关、张就是最好的证明，三人自桃园结义后就建立了牢不可破的信任关系，兄弟同心，建立了不朽功业，也成为后世佳话，受人敬仰。

信任在企业经营管理中同样重要。上级信任下属，就会充分授权，让员工充分发挥潜能；下属信任上级，就不会抱怨，对工作充满动力，最大限度发挥自身能力。

信任对于企业的发展壮大有着不可估量的推动作用，信任虽然看不见、摸不着，但能直击人心，让员工产生"愿为企业赴汤蹈火"的动力。

稻盛和夫曾说："我的经营就是围绕着怎样在企业内建立一种牢固的、

相互信任的人与人之间的关系这么一个中心点进行的。"

京瓷集团从来不对员工保守商业秘密，即便是对第一天入职的新员工也会进行毫无保留的技术培训。有人担心，这样做会泄露商业秘密。稻盛和夫却认为，如果为了保守商业秘密而对员工进行技术封锁，导致员工在生产过程中不得要领，必然带来更多的残次品，加大企业的生产成本，这样的负面影响比泄露商业秘密带来的损失更大。

企业是由一个一个员工组合而成的，企业也是由一个一个环节架构而成的，生产根本无法按照预期被全部控制起来，信任是唯一的选择。

信任不是单方面的，要由信任的双方共同努力造就。但信任又不是绝对平衡的，在双方必须有一方要多些付出。很显然，占据主导地位的企业需要多一些让步，更加主动地向员工抛洒信任的甘霖。那么，企业应如何建立与员工之间的信任关系呢？

1. 老板信守承诺，树立标杆作用

老板要约束自身的言行，做出的承诺一定要兑现，切忌"放空炮"。随便承诺，又不想兑现，这是非常低劣的不尊重员工的做法，也是对员工的极端不信任，必将遭到员工的激烈反抗，到时得不偿失。

2. 上级主动行动，获得下属信赖

在上下级之间，下级属于弱势群体，再加上受到威权观念和等级观念的束缚让下级不愿主动向上级靠近。因此，上级应主动去接近下属，聆听下属心声，用心与下属去交流。在与下属沟通时，应站在下属的立场上思考问题，具备"利他"观念。

3. 上级关爱下属，敢于承担责任

一个企业要想树立起关爱员工的企业文化，就要付诸行动，而不是通过张贴在墙上"以人为本"的标语或者嘴里"帮助员工"的口号来体现。有些企业的管理风格是推过揽功，出现问题时责任都是下属的，有了成绩时功劳都是上级的。这样的上级一定不会得到下属的认可和拥护，这样的企业也一定不会让员工产生归属感。正确的做法是就事论事，谁的责任就是谁的，不因级别因素而被偏袒或无视。该是上级承担的责任，必须主动承担；该是下级取得的成绩，也必须予以承认。只有敢于承担责任、关爱下属、不贪功的上级、老板，员工才会发自内心地拥戴。

4. 转变员工心态，为自己而工作

只靠老板或管理者的单方面付出，员工还是怀着"摸鱼"的心态，也无法建立信任关系。企业在通过完善作业标准、福利保障制度、重视对员工心性培养的同时，还应该帮助员工转变心态，通过建立合理的制度设置和激励机制，让员工明白是在为自己的前途而工作，甚至达到稻盛和夫所期望的"让员工爱上自己的工作"，这样企业与员工信任关系的建立就水到渠成了。

信任是最好的投资，也将得到最好的回报。作为企业的最高领导者——老板，需要有这份胸襟，去信任跟自己共同打拼的人。在企业这条共同的大船上，每个人都须明白一荣俱荣、一损俱损的道理，员工也希望借助企业这个平台实现自己的价值，这种"借力而为"的方式比自己赤手空拳去打拼要容易得多。老板要看清楚员工的心理，给予优秀的员工百分之百的信任，这份信任必将得到丰厚的回报。

有效授权：激发员工的积极性和创造力

现代人力资源实践证明，员工普遍有脱离纯粹执行者而参与企业管理和决策的愿望。但现实情况是，员工的"权力欲"不仅不能被满足，还会遭到压制。一些企业管理者特别在意自己在企业中的权威，很怕哪一天自己的权威被员工夺了去。通过多年的咨询经历可以看到，有这种担忧的企业管理者不在少数。

当企业管理者的"权力欲"和员工的"权力欲"碰撞时，必然会出现矛盾。应该怎么办？任由矛盾存在而置之不理吗？显然这样做不利于企业的发展，为了解决这样的矛盾，企业要充分授权，给予员工更大的权力和自主空间。具体可以给员工多大的自主空间呢？有一家公司的做法值得借鉴：让员工制订弹性的工作计划，自己来安排完成目标的时间和方式，并且可以在一定程度内进行目标调整。可以看出，该公司将员工都当作"独立管理者"，让每个人管理自己的工作，并且要为自己的工作进度、工作质量和协作能力负责。

授权，不仅可以激发员工的工作积极性和创造性，还有利于为企业挖掘人才。将权力恰当授出，保证权力大小合适、管理宽度适中、时间跨度到位，并做到在授权之后不横加干涉，给予被授权对象最大的尊重。

授权，可以让管理者从繁杂的管理任务中解脱出来，将更多的精力投入到最应该思考的问题上；可以让员工得到最大限度的锻炼，增加员工的工作自信心和积极性。

1.授权的基本原则

（1）直接原则。给下级直接授权，不能越级授权。

（2）合适原则。根据具体任务需要，找准合适的授权对象。

（3）结果原则。只关注被授权者做出的结果，不关注过程。

（4）单选原则。一项任务只能授予一个人或一支队伍去完成。

（5）明责原则。授权的同时要明确被授权者所获得的权力范围和责任范围。

（6）有益原则。所授权力应是被授权者对执行授权任务最需要、最有帮助的。

（7）可控原则。授出的权力必须是可以控制的，做到授权者可控与受权者自主。

（8）动态原则。针对被授权者不同的环境、目标责任和执行时间，授予不同的权力。

美的集团的授权，既把职业经理人放得很远，又能拉得很紧。在美的，每个人证明自己能力的时间很短，基层业务员一般只有3～6个月，事业部总经理是一年一聘。上级会对下属实行授权管理，给其充分发挥的空间，以在规定的期限内能够取得规定的业绩为考核标准。在授权过程中，下属能接触到以往其本职工作岗位上无法接触到的，能力得到了很好的锻炼和提升。

2.授权的内容

企业在开展授权管理时，须明确授权内容，才能有序开展授权管理工作。授权内容通常分为以下三大类。

（1）人事管理权，包括任用权、罢免权、指挥权、考核权、定薪权。

（2）财务权，包括支付权、预算权、使用权、资产处置权、资金使用裁定权。

（3）事务权，包括工作内容选择权、工作场所选择权、工作时限决定权、考核标准制定权、工作要求制定权。

3.授权的范围

授权激励中，并不是任何一项权力都可以授予下属，一些核心权力是不可以授出的，否则一旦失控会给企业造成致命打击。因此，需以工作性质为依据确定是否授权（见图12-1）。

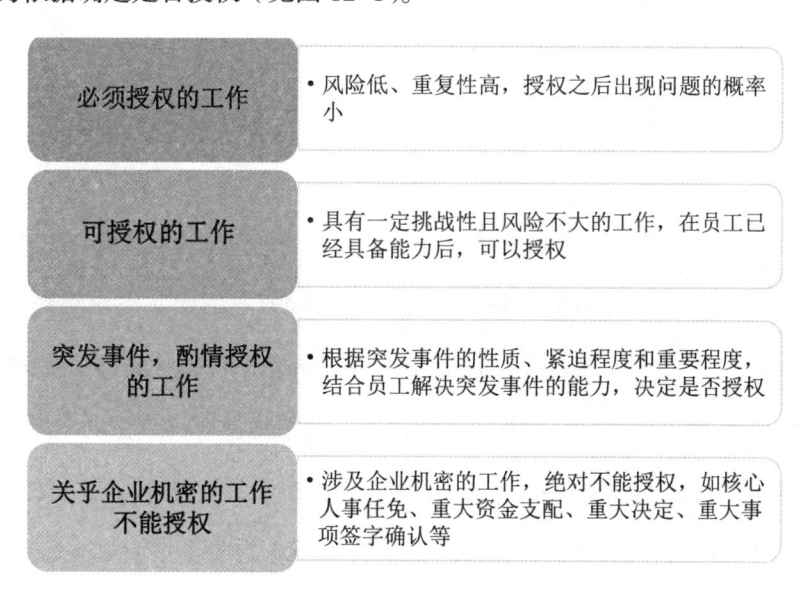

必须授权的工作	风险低、重复性高，授权之后出现问题的概率小
可授权的工作	具有一定挑战性且风险不大的工作，在员工已经具备能力后，可以授权
突发事件，酌情授权的工作	根据突发事件的性质、紧迫程度和重要程度，结合员工解决突发事件的能力，决定是否授权
关乎企业机密的工作不能授权	涉及企业机密的工作，绝对不能授权，如核心人事任免、重大资金支配、重大决定、重大事项签字确认等

图12-1 以工作性质确定授权

只有把权力授对人，才能涉及授权考量、授权责任、授权可控等。如果授权对象错了，即便有很好的授权机制，也难以达到预期的授权效果。因此，必须了解被授权者的长处，在授权时做到用人所长，让员工在自己的优势上发挥最大的能力，创造最大的价值。

在授权之后，还要对被授权的个人或团队给予充分的信任。信任能让被授权者安心执行任务，也能为授权者降低管理难度。

谷歌公司有一项不成文的规定，就是管理层必须与各执行团队建立良好的信任关系，管理层需要给予下属充分的权力去执行和做决策。在谷歌内部有两句名言，让员工"不必多请示"，让管理层"不能多参与"。

充分信任被授权个人或团队，通常表现在以下三个方面。

（1）相信被授权的个人或团队的实力。既然将权力授给某个人或团队，就要充分相信。要适当给予肯定，提升被授权者的信心。

（2）相信被授权的个人或团队解决突发问题的能力。当执行过程中出现错误或突发事件，管理层不能急于批评或接管，仍然由被授权者自行解决。如果错误或事件影响较大，管理者可以提供帮助，但尽量做到不直接参与。

（3）任何情况下，不能放弃被授权的个人或团队。成长快、能力强、执行力强的团队都是由能力弱、成长慢、执行力弱的团队渐渐锤炼过来的。因此，当管理者发现被授权的个人或团队有种种不如意时，要做到：①不轻易收回被授权的个人或团队的权力；②不随便对被授权的个人或团队更换人员；③不减少对被授权的个人或团队的帮助；④不加强对被授权的个人和团队的控制力度。

表扬行为：给能力值加分

表扬是一种优秀的品质，是每个人都需要拥有的能力。表扬也是一种激励方式，真诚的表扬会让员工的自尊心、荣誉感得到满足。

《胡萝卜原理》的两位作者阿德里安·高斯蒂克和切斯特·埃尔顿，曾在北美对20多万名各行业从业人员进行过一项调查，结果发现67.7%的员工表示在他们工作中从未得到上级的认可，83.5%的员工离职的原因是没有得到上级和同事的理解。调查结果同时也证实，那些对员工工作成绩有更多认可的企业，比其他企业的盈利更高。

但在实务操作中，很多老板并未认识到表扬员工的工作、承认员工的成绩、认可员工的贡献有多么重要。甚至只是简单地认为，员工只是需要薪水。但是，任何人除了想要获得物质上的认可外，还希望获得精神上的认可。员工的所求也并不多，只是管理者的一句发自真心的表扬而已，好像并不十分困难。

美国IBM公司的所有管理人员都被要求学习"如何表扬他人"的课程。原通用电气董事长杰克·韦奇曾说："我的经营理论是要让每个人都能感觉到自己的贡献，这种贡献看得见，摸得着，还能数得清。"

虽然来自管理者的表扬是员工渴望的，但运用时也需要注意要点，如果运用适当，将会起到正面作用。在此，总结出管理者表扬员工要掌握的

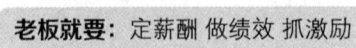

三个方法。

1. 独特的表扬

如果表扬员工时永远都只有"你真棒""你最好",员工会对这样敷衍的表扬形成"免疫力"。所谓独特的表扬,是针对员工的个人性格和喜好、工作状态、取得的成绩,进行符合其状况的表扬。

有的员工喜欢在大庭广众之下被表扬,有的员工喜欢一对一被表扬;有的员工喜欢体育,有的员工喜欢文学,上级在表扬时就应分别侧重;有的员工取得了比上年度更好的业绩,有的员工后进变先进,上级的表扬侧重点也应不同;有的员工希望上级在表扬自己时,能够有一些物质奖励,有的员工在接受上级表扬的同时,希望上级能帮助自己做一些职业规划。总之,不同的员工所希望的表扬方式不同,必须实施对员工的个性化表扬,才能使表扬的威力最大化。

2. 真诚的表扬

表扬员工一定要真诚,要符合实际,不能虚伪敷衍。如果是"例行公事"的"表扬",即便再漂亮的辞藻也无法打动员工。发自内心的表扬需要注意四个方面。

(1)让员工相信是真的想表扬他。可以说:"你的报告很精彩,接下来想让你继续做报告。"肯定式表扬会让员工明白确实是因为自己工作出色才得到的表扬。

(2)说明表扬员工的具体理由。可以说:"之所以认为你的报告内容精彩,是因为……"在阐述具体理由时,要尽量用一些具体的词汇,让员工明白自己的工作在上级眼中是怎样的。

(3)鼓励员工认可自己。有时候员工对于上级的表扬总是半信半疑，或者将成绩归结为"运气好"。为了将表扬效果最大化，管理者应该帮助员工认可自己的能力，比如，告诉员工："你今天的成绩源自平时的积累。"

（4）引导员工着眼未来。表扬会激励员工，也会增加压力。员工不清楚此后是有更多的工作袭来，还是有更好的职业发展。因此，作为管理者应该及时指出员工当下的成绩对未来的帮助。

3.适度的表扬

表扬得恰到好处非常重要。管理者发现某位员工有值得表扬的优点，要及时表扬，但也要适度。表扬如果过度，会起到相反的效果，对方会感觉遭受了嘲讽一般。

比如，这样表扬一位将计划书做好的员工："你的计划书做得非常好，是我目前为止看到的最好的，就是世界500强的员工也没有这种水平。"

这是在表扬吗？听着更像是反讽。这种将表扬变成了恭维和吹捧的形式，不仅不会取得想要的效果，还会引起更多负面的影响。

可以改成："你的计划书做得非常好，是迄今为止做得最好的一次。要再接再厉，继续努力，能力将继续提升，未来会获得更大的舞台和更广阔的发展空间。"

同样都是表扬，后者听着就舒服了很多，是非常符合实际又没有过度化的表扬，能够起到激励被表扬对象的作用。

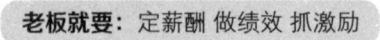

批评问题：对事不对人

作为老板，免不了要在工作中对员工进行批评，通常是在员工有了错误的时候。批评是众所周知的负面行为，如果实施不当，不仅被批评者会感到难堪，批评者也会有不适感。

这里就会有人不解了，上级对下级进行批评，为什么会有不适感呢？如果是本章第一节"表达尊重：大家是合作伙伴"中保健品公司老板那样，别说批评员工，就是谩骂员工，他也没有感觉到不适，这样的人不在我们的讨论范围内，因为迟早会被淘汰掉。我们要讨论的是，能够给予员工尊重，能够对员工表达信任，能够相信员工而授权，能够真诚表扬员工，渴望将自己的企业带向新高度的新时代的企业领导者（老板）。

人与人之间是需要情感交流的，上下级之间也不全是命令与执行，相信所有作为上级的人，都不会希望下级对自己只有不得已的接受，而没有一点尊敬和仰望。因此，上级对下级进行批评时，一定要讲究方法，既达到了批评的目的，又不让被批评者感到自己被彻底地否定，反而要让被批评者在接受批评的过程中能够激起自强、努力的动力。

批评别人的最终目的是希望对方能改正缺点，而不是要将对方痛批到体无完肤。批评一定要对事不对人，让被批评者认识到自己的工作失误之处，让被批评者心服口服，愿意接受批评，并作出改正。

山姆·德拉农经营一家钢铁厂。一天中午，他看到几名工人在厂区里吸烟，虽然是休息时间，但厂区 24 小时严禁吸烟。德拉农看到工人明知故犯，心里很恼火。他本可以大声斥责，并按工厂规定每人扣发三天薪水。但他没有这样做，而是缓步走到工人面前，每人发了一支雪茄，轻声说："小伙子们，如果你们能到外边吸雪茄，我将非常感激。"

工人在老板向自己走过来时，就已经知道错了，心里很紧张，认为一顿猛烈的批评是逃不掉了。出乎他们意料的是，老板非但没有批评，还给了他们"小礼物"。几名工人觉得很惭愧，接过雪茄，向德拉农鞠了一躬，快速跑出了厂区。

德拉农的做法很聪明，工人的错误已经犯下了，再多批评也改变不了现实。不如施展暖心术，工人因为自己犯错而未遭到批评，心里会同时涌起愧疚和感恩，会感谢老板的宽容，在日后的工作中一定会更加尽心。

其实，多数人犯了错误后，自己是清楚的，心里已经感到不安，并做好了被批评的准备。但即便是有所准备，心里还是会设定底线，如果批评的严厉程度超过了自己的底线，被批评者就会产生逆反心理，对批评者产生怨怼之心，连同自己犯过的错误也一并"赦免"了，可见这样的批评起不到作用。

因此，无数事实都已证明，那些疾风暴雨式的批评，即便是正确的，也会引起被批评者的抵抗情绪，而给被批评者留有情面的批评方式，更容易被接受。

分享荣誉：分享"精神货币"

戴尔·卡耐基在其所著的《人性的弱点》一书中，讲了下面一个关于竞争的小故事。

因为工人总是完不成生产任务，磨坊经理无奈去请教激励专家施瓦普。施瓦普问磨坊经理："为什么磨坊产量没有达到预期，你认为是什么原因？"

磨坊经理说："我就是不明白啊！为了让工人们提高效率，我用了很多方法，激励、惩罚、表扬、批评，甚至威胁，但全都无用。"

施瓦普随磨坊经理来到现场，观察工人们的生产状况。在白班结束后，他问工人："你们这一班，今天磨了多少轮？"

工人回答"6轮"。施瓦普用粉笔在墙壁上写下"白班6轮"。上夜班的工人看到墙上的字，随即来了斗志。当第二天早上施瓦普来到磨坊时，发现墙壁上写着"夜班7轮"。白班工人看到自己的成绩被夜班工人超过了，自然不甘落后，开始卖力地干，下班时很自豪地写下"白班10轮"。就这样，竞争开始了，原本生产量远远落后于计划产量的该磨坊迅速在行业内站稳了脚跟，最终成了面粉行业的翘楚。

对于该磨坊的改变，施瓦普说："要做事就要先开启人们的荣誉欲，这是一种渴望超越别人又不希望被超越的人类原始欲望。"

所有人都具有争夺荣誉的心理，这是人类的原始本能。看着别人获得荣誉，而自己没有，心里就会难受。如果原本属于自己的荣誉被别人超过了，心里会更加难受。案例中施瓦普的做法就是激励员工的荣誉欲，简单地"白班6轮"立即调动起"对手"的竞争心理，有了竞争意识就有了远高于缺乏竞争意识时的成绩。

与施瓦普的做法类似，海尔在对员工的荣誉激励方面也别具一格。海尔直接用员工的名字命名他们不断改进的工作方式，如"立琼扳手""燕敏镜子""志明焊枪""苗奇冰柜"等。海尔内部以员工名字命名的操作法有几百项，这是对员工做出的努力和奉献的尊重和肯定，员工们也都以此为自豪。

因此，荣誉激励是一种非常有效的激励方式，可以通过给予员工荣誉和认可来激发他们的动力和绩效。以下是借助荣誉激励员工的具体建议。

1. 给予公开认可

在公共场合对员工的优秀表现进行表扬和认可，让员工感到被尊重和重视。例如，在企业的内部通信、会议或者工作群中公布员工的优秀表现，或者给予员工公开奖励。

2. 建立奖励制度

让员工清楚地知道哪些行为和成就能够得到认可和奖励。奖励可以是物质的，如奖金、礼品卡等；也可以是精神的，如颁发荣誉证书、给予特别项目机会等；还可以是个性化的，针对不同员工的兴趣特点，给予个性化的奖励，例如，为喜欢旅游的员工提供一次特别的旅行奖励。

3. 给予晋升机会

对于表现出色的员工，给予符合其能力值和贡献值的晋升机会，既可以让员工感到被认可和尊重，也可以为员工提供更多的发展和挑战的机会。

4.建立团队荣誉感

让员工更加团结和有动力，可以通过组织团队建设活动、颁发团队奖项等方式来提高员工的团队意识。

总之，荣誉激励是一种非常有效的激励方式，可以极大地激发和调动员工的积极性和创造欲，提高员工的满意度和忠诚度，增强企业的向心力和凝聚力，使企业发展更加生机勃勃。